仕事ができる人の「アジア史」入門

東洋の英雄や思想家たちに学ぶ「ピンチの乗り越え方」

夏川賀央

きずな出版

はじめに
「お隣」の歴史を知ることは、「私たち自身」を知ることでもある

古きをたずねて、新しきを知る……。

つまり、「温故知新《おんこちしん》」という言葉ですが、「歴史を学び、それを現在の仕事に生かす」ということを目指した本書の意図には、非常にピッタリする言葉ではないかと思います。

この「温故知新」という言葉は、『論語』から生まれたもの。『論語』といえば、今からおよそ2500年も昔の中国に生きた、孔子の言葉を集めた書物です。

その当時の中国は、「周」という国が滅び、「春秋時代」といういくつもの小国が衝突し合っている状態。一方でお隣の日本はといえば、まだのんびりと狩猟採集中心の生活をしていた縄文時代でした。

こうした歴史の話を聞くと、「ああ、中国の歴史は古いなあ」とか、「でも、現代の中国は当時と違うでしょ」という話に終始しがちです。確かに中国の歴史が古かろうが、そこ

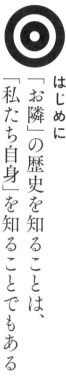

で何が起こっていようが、現在の私たちにはどうでもいいことに思えます。

でも重要なのはそんなことでなく、この「温故知新」という言葉に象徴されるように、過去の日本人は、「お隣の国の偉人が言った言葉」や「お隣の国で起こったこと」を、参考にしたり、いいところどりをしたり、ときには反面教師にしながら、一歩遅れていた自分たちを成長させ続けてきたのです。そのことは本書でも各時代にわたって紹介しました。

ひるがえって現代はといえば、私たちは「お隣の国」がどんな歴史を歩み、どんな思考をつくりあげ、どんなパターンで問題に対処してきたのか、あまり理解していません。

しかもその上で、表面で起こる衝突や、歴史観の相違、考え方の違いだけで、ただ批判したり、嫌ったりということばかりを繰り返しているような気がします。

それは中国だけでなく、本書の「アジア史」という範囲に含んだ、朝鮮半島や東南アジアにしても同じことです。私たちは歴史を通じ、これら「周辺諸国」から様々なことを学び、ときには直接的な接触をしながら、自国の歴史を育んでいます。

私たちの国が「日本」という国をつくれたのも、お隣の「中国」という国で発達してきた文字や行政のシステムをうまく活用したからだし、お隣の「朝鮮半島」と身近な関係があったから、私たちはその文化を容易に吸収することができました。

東南アジアには、「お隣」という感覚がないかもしれません。しかし私たちの国は古くから、この地域にまで及ぶ「海賊ネットワーク」を張り巡らせてきました。ポルトガルやオランダの商人がマレーシアやインドネシアを経由してきたように、じつは東南アジアは、日本が世界経済に参加する際の玄関口にもなっていたのです。

「アジア史」という枠組みでくくった本書の範囲は、正確には「東アジア」であり、その内容の4分の3は、長く経済的に世界の中心地の1つであった中国史に集約されます。

4000年以上の歴史をもつ中国ですが、じつは何度もこの国は滅ぼされ、文化的な面だけでなく、民族的にもリシャッフルされることを余儀なくされた地域です。それは本書を読んで歴史を知れば、よくわかるでしょう。

しかし、その都度その都度、再生した国は世界に威光を轟かし、私たちの国とも深く関わりました。この歴史は私たちの国の歴史とまったく異なるもので、当然ながら私たちとまったく異なる思考回路が育まれます。

けれども『論語』や『孫子』、あるいは『三国志』や『西遊記』の物語に象徴されるように、私たちに大きな影響を与えてきたことは事実なのです。それなのに現代人が「日本」という小さな国に終始し、世界を動かしてきたお隣の国の歴史をまったく知らないのでは、ずいぶんと不完全な理解になってしまいます。

それは朝鮮半島や東南アジアの歴史にしても同じことで、本書は私たちの思考の枠を1つ大きくし、お隣の国々を知ることで、その違いから私たち自身をもっとよく知る試みでもあります。

さらに加えると、この地域に含まれる国々の多くは、日本と違って何度も消滅の危機を迎え、実際に滅亡と復活を繰り返しているのです。それは私たちが歴史的に学べなかった、「ピンチを超える術」を学ぶヒントになると思います。

もちろん現代を見れば、中国にせよ、韓国にせよ、東南アジア諸国にせよ、私たちとはますます密接に関わり合う関係となっていくでしょう。直接、仕事上でそれらの国々の人々と関わることがないとしても、本書は世界をもっと広い視点から見るきっかけを、皆さまに示唆《しさ》できると思います。楽しみにしてください。

夏川賀央

仕事ができる人の「アジア史」入門◉目次

はじめに　「お隣」の歴史を知ることは、「私たち自身」を知ることでもある――3

第1章
「中国」って、いったい何なのか？
その"システム"は紀元前にすでに創られていた

［知っておきたいこと］「中国史」から学ぶべき、「歴史」という大きな思想――24

1 中国の理想は、まず「伝説」から――26
……「黄河文明」の正体と、4000年にわたるファンタジーの始まり
◉「北京原人」はアジア人の祖先なのか？　◉「黄河文明」なんて存在しない

2 「殷」と「周」、「史上最悪の残虐国家」と「偉大な王たちの国」――31
……易姓革命～勧善懲悪のパターンはこうして生まれた
◉中国の古代王朝は、必ず「女」で滅ぶ ◉周王朝が実現した中国の「理想の時代」
3 史上空前のスケールを持つ成功者、始皇帝の秘密――36
……キングダム「秦」、最初の統一王朝の光と陰
◉始皇帝が「中国」をつくった ◉始皇帝が目指した国とは？
4 項羽と劉邦、勝利するための鉄則とは？――41
……「漢」の建国と頂点に立つ者の条件
◉項羽と劉邦、その違い ◉あまり英雄視できない400年王朝の建国者
5 「歴史」という学問をつくった苦学者、司馬遷――45
……「史記」の完成と、中国文化を支えた「宦官」の歴史
◉漢の黄金期、武帝の時代 ◉『史記』を生んだ夢と挫折の時代
6 シルクロードでつながる世界――49
……すでに紀元前にグローバリズムは始まっていた
◉民のための国、劉秀による後漢の建国 ◉シルクロードの開拓者・班超

7 日本人が憧れる三国志の時代——54
……諸葛孔明と英雄たちの仕事術
◉義に徹した天才軍師、諸葛孔明　◉覇者・曹操とはどんな人物だったのか？

第2章

中華VS異民族——果てしない興亡の王朝史

支配し、支配されの〝堂々巡り〟から学べるもの

［知っておきたいこと］蛮族に征服される大国、日本とまったく異なる中国史——60

8 遊牧民族に支配される歴史が育んだもの——62
……「北魏」の成立と南北朝時代
◉中国に流入してきた大勢の遊牧民たち　◉異民族であることを放棄した蛮族の王

9 「新しい中国人たち」の誕生――66
……日本がお手本にした「隋」と「唐」
◉270年ぶりの統一王朝と遣隋使　◉人心掌握の天才・唐の李世民

10 悪女と美女の中国史――71
……則天武后、楊貴妃、そして歴史を彩る怖い女性たち
◉悪女？　賢帝？　中国史で唯一の女性皇帝　◉楊貴妃の悲劇はなぜ起こったのか？

11 三蔵法師と詩人たちの時代――75
……杜甫と李白がうたったもの
◉玄奘三蔵の冒険は、なぜ成功したのか？　◉時代の波にもまれた「詩仙」と「詩聖」

12 日本に深く影響する「宋」の文化――80
……平和な「南の中国」で起こったこと
◉周辺強国に蹂躙される中国大陸　◉「弱くても偉大な文化」と「中華主義」の誕生

13 チンギス・ハーン～世界最大の帝国を築いた男――85
……遊牧民の武将が、なぜ無敵だったのか？
◉世界を塗り替えたリーダーの登場　◉なぜチンギス・ハーンは強かったのか？

14 「元」と世界をつなげたモンゴル人の力――90
……ヨーロッパから日本まで、彼らが狙ったもの
◉モンゴルの影響と「元」の成立　◉フビライが目をつけた「日本」

15 中国の秀吉と、中国の信長――94
……「明」の建国と漢民族の復活
◉世界で最も悲惨な境遇から国を興した男　◉残酷さに抜きん出る世界帝王

16 海を制したのは、日本か中国か？――98
……東の海を支配した倭寇と「鄭和の大遠征」
◉ヨーロッパに先駆けた鄭和の大航海　◉海賊たちのグローバリズム

17 最後の中国王朝を打ち立てた侵略者たち――103
……満州人の国、「清」の成立と、その繁栄
◉清の皇帝、北京への無血入城　◉女真族の中国支配と康熙帝の登場

18 台湾の英雄とチベットの聖者――108
……広がる清帝国と日本に関わる周辺地域の歴史
◉鄭成功が築いた「台湾」の国　◉チベットが清に吸収されるまで

第3章 日本人が中国から学んだ思想

偉大なる教えを私たちはどう生かす？

［知っておきたいこと］ビジネスマンが学ぶべき中国の古典、その歴史背景は？——114

19 孔子とは一体、何者だったのか？——116
……儒教の成立と『論語』の基礎知識
◉むしろ現代向け？孔子の思想　◉神になった学者の紆余曲折の生涯

20 性善説と性悪説、「いい人」の中国と「厳しい人」の中国——121
……孟子と荀子が発展させた儒教
◉孟子が説く「易姓革命」の論理　◉人間は「性善」なのか？「性悪」なのか？

21 法の信奉者たちの壮絶な末路——125

……管仲、商鞅、李斯、韓非子と「法家」
◉「管鮑の交わり」で実現した名宰相　◉悲劇のマキャベリスト、韓非子の人生

22 謎の人物、老子と道教の考え方――129
……現代になって意味深い究極の思想
◉老子とは一体、何者だったのか？　◉日本にも影響した老荘思想

23 孫子の兵法は、果たしてどれほど役立ったのか？――133
……世界が学んだ戦略論を実践しなかった中国⁉
◉「孫子の兵法」の著者を知っていますか？　◉「戦わない」のが一番の兵法

24 朱子学に陽明学、日本にも影響を与えた儒教の歴史――137
……日本が中国に倣ったものと無視したもの
◉孔子の儒教は、漢の時代に死んだ　◉中国の思想家が動かした日本

第4章 いまの日中関係ができるまでの基礎知識

常識として踏まえておきたい中国と日本の近代史

［知っておきたいこと］密接になる中国に対し、日本人がおさえておくべきこと——142

25 アヘン戦争と蹂躙される清帝国——144
……なぜ世界最大の国がヨーロッパの標的になったのか？
◉イギリスはなぜ、中国を狙ったのか？　◉なぜ大国・清は、欧米に蝕まれたのか？

26 「太平天国の乱」と海を渡った中国人たち——149
……王朝末期に飛躍する先進的な漢人たち
◉高杉晋作にも影響を与えた「太平天国の乱」　◉華僑ネットワークが強力な理由

27 西太后の失敗と日清戦争——154
……なぜ中国は日本を恐れるのか？

28 王朝時代の終了と革命にならない革命……清の滅亡と辛亥革命――158
◉西太后は本当に悪女だったのか？ ◉実現しなかった清の「明治維新」

◉ついに「列強打倒」を掲げた西太后～義和団事件 ◉世界をかけめぐる革命家・孫文と辛亥革命

29 日本は中国に何をしたのか？……中国史最後の〝征服民族〟となった日本人――162
◉「満州事変」にいたる道 ◉歴史は繰り返す……日本の侵攻はどう始まったか？

30 毛沢東の勝利の方程式……なぜ中国は共産主義国になったのか？――166
◉明治維新に憧れた男・毛沢東の登場 ◉毛沢東が実践した「三分の計」

31 中華人民共和国の成立と現代にまで続く問題……なぜ中国は経済大国へ成長できたのか？――170
◉中国も失敗した共産主義支配 ◉鄧小平から続く現在の中国

32 チベット、モンゴル、新疆ウイグル……中国の少数民族問題はいかにして起こったのか？――174
◉ダライ・ラマの叫びの真意とは？ ◉モンゴルの成立と新疆ウイグルの問題

第5章

日本人が知っておきたい朝鮮半島の歴史

私たちが憧れ、学び、そして侵略した国

［知っておきたいこと］「大国に囲まれた状況」がつくりだした独自な文化 ―― 180

33 日本とも密接な関係だった朝鮮半島の古代史 ―― 182
……朝鮮史の始まりと高句麗、新羅、百済
◉古代、日本と朝鮮半島は、今よりも親密だった!?　◉日本も関わった朝鮮の三国時代攻防戦

34 高麗とモンゴル人の朝鮮侵入 ―― 187
……周辺国に翻弄される朝鮮の国
◉高麗のヒーロー、王建の物語　◉モンゴル人に逆らい続けた高麗人たち

35 世界から取り残された550年王朝 ―― 191
……迷走する朝鮮王朝と豊臣秀吉の出兵

◉韓国ドラマ定番の時代、朝鮮王朝の誕生　◉日本武将をことごとく破った海の軍神

36 清に日本、侵蝕される朝鮮半島 —— 195
……日本への抵抗につながる「反支配」の発想
◉清国への従属と日本の侵攻　◉日本による併合までの道のり

37 韓国と北朝鮮は、どのようにして生まれたのか？ —— 199
……日本の支配と朝鮮戦争
◉日本の占領と、戦後も解放されなかった朝鮮半島　◉今も続く「韓国」と「北朝鮮」の戦争

第6章

学校では学ばない「東南アジア史」入門

日本とも密接だった「マンダラ地域」の秘密

［知っておきたいこと］日本とも深い関わりを持つ多民族地域の海洋ネットワーク ―― 204

38 ベトナムの歴史〜大国とわたり合った南の王朝 ―― 206
……**日本よりも古い歴史を持つ南海の国**
◉独立戦争を繰り返した勇者の王朝　◉海上貿易の国とフランスの占領

39 タイの王朝に学ぶ生き残り戦略 ―― 210
……**なぜ東南アジアの小国が列強の侵略をくぐり抜けたのか?**

◉タイの王朝、その強さの秘密　◉日本軍までを〝利用〟した、チャクリー朝の外交戦術

40 「海のシルクロード」の興亡史 ―― 214
……**マレー半島、インドネシアの歴史と大航海時代**

●海のシルクロードに登場した国々　●大航海時代の「海のシルクロード」

41 支配からの脱出とベトナム戦争 —— 219
……軍事政権や共産主義国家はこうして生まれた
●ヨーロッパ帝国主義と日本の占領　●ホー・チ・ミンとベトナム戦争

42 シンガポールの成功と戦後に始まる新しいアジア —— 223
……〝世界一魅力的な地域〟と日本人はどうつき合うか？
●東南アジア各国ができるまでの歴史　●なぜシンガポールが世界で最も裕福な国になったのか？

仕事ができる人の「アジア史」入門

——東洋の英雄や思想家たちに学ぶ「ピンチの乗り越え方」

本文フォーマット　福田和雄（FUKUDA DESIGN）
図版作成　　　　　徳永純子デザイン事務所

第 1 章

「中国」って、いったい何なのか?

その“システム”は紀元前にすでに創られていた

知ってお きたいこと

「中国史」から学ぶべき、「歴史」という大きな思想

紀元前91年に、司馬遷《しばせん》によって書かれた有名な『史記』。それによると中国の歴史は、神として君臨した5人の皇帝に始まります。

神の系譜を引く王が君臨して、最初の国をつくる……という点では、中国の歴史も日本の歴史も変わりません。むしろ日本のほうが、後になって中国の歴史記述を真似た可能性も高いでしょう。

ただ日本と中国が違うのは、その後すぐ「夏《か》」は「殷《いん》」に滅ぼされ、「殷」は「周」に滅ぼされというデッドレースを繰り広げていくことです。だから中国の歴史は、「誰が最も王者として相応しいか」を競い合う争奪戦になっていきます。

なぜ、この国が覇権《はけん》を握ったのか？　なぜ、この国は、滅ぼされるのか？　中国ではつねにその解釈が行なわれ、理想の王、理想の国、理想の民族を探す探求が繰り返されます。ある種、この探求こそ、中国における「歴史」という1つの「思想」になっているのです。

そういうと歴史はウソなのか？　と思われるかもしれません。もちろん本書は歴史入門であり、実際に起こった「私たちが学ぶべきこと」をアジア史の流れから拾っていきます。

しかし「歴史が1つの思想である」ということは、中国を読む場合に重要なのです。『中国文明の歴史』（講談社現代新書）という本で、歴史学者の岡田英弘さんは「中国人は文化上の概念だ」ということを述べています。

中国の王朝史は、黄河とその支流である渭河《いが》流域の「中原＝中華」の興亡をめぐって展開しますが、最初の「夏」は東にいた「東夷《とうい》」という民族の国。これを滅ぼした「殷」は、「北戎《ほくじゅう》」という遊牧民の国。それを破る「周」も、後に中国を統一する「秦」も、やはり遊牧民から出た王がつくった国です。

つまり「中華にいる中国人」というのは、どこにも存在していない。多くのバラバラな民族が群雄割拠しているのが、中国の真の姿であるわけです。しかし彼らは「私たちはひとまとまりの中国人」という思想を持ち、「こういう王が私たちを統《す》べるべきだ」という思想を築いてきました。儒教という「リーダーシップ学」が「宗教になった」のも、そんな歴史観があったからなのでしょう。

現在の中国もやはり、実体は各地域バラバラでありながら、「共産党中国」という1つの思想のもとに成り立っています。しかしこのバラバラな国が、どうやってそんな思想を根づかせたのか？　中国史のあけぼのから、それを探ってみましょう。

1 中国の理想は、まず「伝説」から

……「黄河文明」の正体と、4000年にわたるファンタジーの始まり

◉「北京原人」はアジア人の祖先なのか？

中国の歴史は一体、いつごろから始まるのでしょうか？

「北京原人」という言葉は聞いたことがあると思います。じつは「原人」と呼ぶのは日本だけで、英語では「ベイジン・マン」、中国語でも「北京人」で、私たち「ホモ・サピエンス」が誕生する前、今から150万年前に中国に住んでいた先人類のことです。

1920年代に発見されてから、この北京原人には「シナントロプス・ペキネンシス」という学名が与えられ、人類の遠い祖先と考えられてきました。しかし、現在この学名が使われることはほとんどありません。インドネシアで発見された「ジャワ原人」とともに、アフリカから広くアジアまで広がっていた「ホモ・エレクトゥス」という種族に、すべて統合されてしまったからです。

現在、多くの人類学者は、「ホモ・エレクトゥス」という種族は、500万年くらい前に

アフリカで生まれた「アウストラロピテクス」という種族から生まれ、それが世界に広がったと考えています。では、中国に定着した「ホモ・エレクトゥス」がアジア人の祖先だったかというと、そうではありません。

20万年くらい経ってから「ホモ・サピエンス」という種族がやはりアフリカで生まれ、彼らが世界中に広がって、いま世界中で生活しているすべての人類の祖先になりました。日本には4万年くらい前に到達したというのが、DNAの解析から科学的に推測できる説になっているわけです。

ところが中国史を研究する歴史家には、そのように考えない人が大勢います。だから現在も、中国人の独自な起源を見つけようと、中国に住んでいた「ホモ・エレクトゥス」の検証が盛んに行なわれている……。

事実はもちろん、どちらだかわかりません。けれども、まだ未解決な人類史以前にさかのぼる問題も、中国史の特徴を象徴している気がします。

後に輝かしい王朝時代を築き、少なくとも19世紀に欧米や日本に蹂躙《じゅうりん》されるまでは、世界経済の中心でもあった中国という偉大な文明。しかしその現実は、この国の歴史を初めて書いた司馬遷の時代からずっと、「理想の歴史」を追い求めるファンタジーでもあるのです。これは隣人として付き合う日本人が、よく理解しなければならないことでしょう。

◉中国史年表

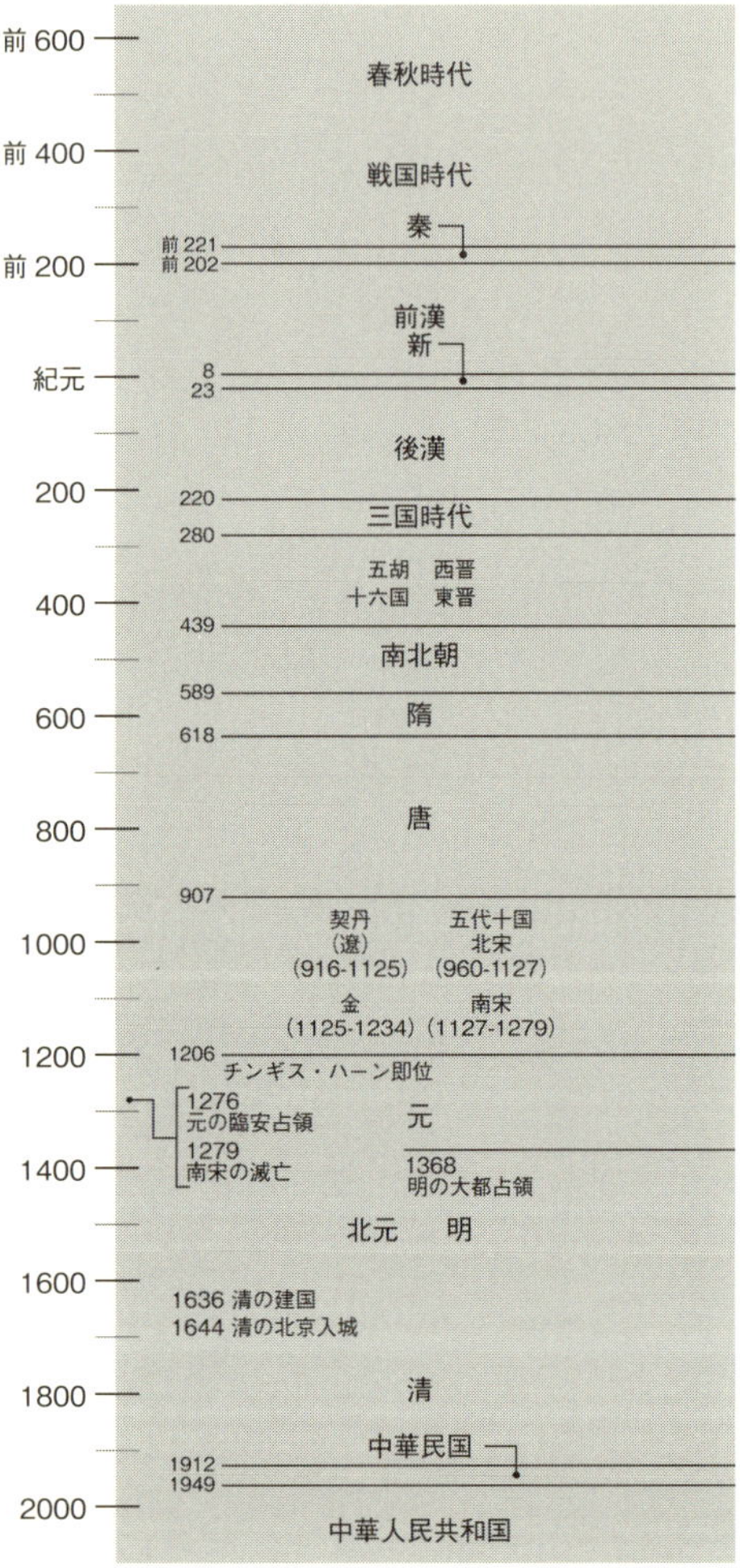
前 600
前 400
前 200
紀元
200
400
600
800
1000
1200
1400
1600
1800
2000
春秋時代
戦国時代
秦
前 221
前 202
前漢
新
8
23
後漢
220
三国時代
280
五胡 十六国
西晋 東晋
439
南北朝
589
隋
618
唐
907
契丹（遼）(916-1125)
五代十国 北宋 (960-1127)
金 (1125-1234)
南宋 (1127-1279)
1206 チンギス・ハーン即位
1276 元の臨安占領
1279 南宋の滅亡
元
1368 明の大都占領
北元
明
1636 清の建国
1644 清の北京入城
清
中華民国
1912
1949
中華人民共和国

（参考：岡田英弘『中国文明の歴史』講談社現代新書）

◉「黄河文明」なんて存在しない

では、ファンタジーの世界で中国の歴史は、どのように始まるのか？
述べたように『史記』は、黄帝を初代とする神の時代の5人の皇帝で始まっています。その最後の皇帝・舜《しゅん》の後継者に選ばれた「禹《う》」が建国したのが、「夏」という中国最初の王朝。以後、たくさんの王朝が周辺民族と対峙しながら、興亡を繰り返していくのが中国の歴史です。

この「夏」という王朝は、証明こそされていませんが、「実在した」と考える研究者が多くなっています。しかし、この「夏」が「殷」に滅ぼされるように、たくさんのライバルが周辺には存在しました。黄河流域で栄えた文化から王朝文明が生まれ……というほど、中国史の始まりは穏やかではありません。

では、王朝が成立するまでの中国は、一体どんな歩みを見せてきたのか？
その昔、歴史で「世界四大文明」というものがあり、その1つが中国の「黄河文明」だと、教科書で習った方は多いと思います。

今この「黄河文明」という語句は、ほとんど使用されていません。
考古学的な証拠をたどると、黄河中流域では紀元前6000年頃から、アワ・キビなどの雑穀栽培を行なう農耕文化が誕生します。小麦がこの地に西アジアから伝来するのは、紀元前3000年頃のようです。

一方で長江下流域でも、紀元前6000年頃から稲作が始まっています。これは日本の弥生時代が始まる、5000年以上も前の話になります。

日本の弥生時代も、あるいはエジプトやメソポタミアでもそうなのですが、人間が農耕を始めると、集団生活は拡大し、また人口も増大化していきます。使用される石器が磨きのかかったものになっていくということで、一般に「新石器革命」と呼ばれる変化です。すると集落は大規模になり、村となり町になっていく。やがては「都市国家」と呼ばれる大きな都市が生まれていきます。

一方で都市と都市の間には、ときには遊牧や狩猟をし、ときには都市から強奪をする遊牧民たちの集団がいます。彼らから守るため、周りを溝で囲んだり、城壁をはりめぐらせる都市も生まれていきました。

これが紀元前2000年までの中国です。そのなかで、ひときわ強力な、自らを「竜の子孫」になぞらえる「夏」という国ができた。この「神性」が中国の歴史を動かしたのです。

2 「殷」と「周」、「史上最悪の残虐国家」と「偉大な王たちの国」

……易姓革命～勧善懲悪のパターンはこうして生まれた

◉中国の古代王朝は、必ず「女」で滅ぶ

中国史には、よく「三大悪女」と呼ばれる、強烈な女性たちが登場します。〝三大〟といいながら、じつは妲己《だっき》、呂后《りょこう》（漢を建国した劉邦《りゅうほう》の正妻）、武則天《ぶそくてん》（唐の女帝）、西太后《せいたいごう》（清の皇后）と、「4人のうちのどれか3人」になっているのですが、最も古くに登場したのが「殷」の最後の皇帝・帝辛《ていしん》（紂王《ちゅうおう》）の側室だった妲己です。

「酒池肉林」とは今も使われる言葉ですが、語源は妲己にたぶらかされた紂王が、王宮で贅を尽くして遊びふけった様。お酒で満たした池に、肉を林のように大量にかけ、大勢の男女が裸で宴会する日々を過ごす。「ちゃんと民のための政治をしましょう」と諫める者がいれば、燃え盛った丸太の上を渡らせて、死ぬのを2人で喜んでみていた……とのこと。

当然、この暴虐の限りを尽くす国を倒そうと、各地の勢力が叛旗をひるがえすのですが、

最終的に文王、武王の親子が殷を滅ぼし、「周」を建国します（前1046年頃）。彼らに軍師として力を貸したのが、釣りの最中にスカウトされたという太公望（呂尚《りょしょう》）でした。

そんな殷ですが、もともとはこの国も、末期に暴虐を尽くしていた「夏」の王朝を、人格者であった湯王が倒して建てた国とされます。夏の最後の王・桀《けつ》も、末喜《まっき》という美女にうつつを抜かし、暴虐の限りを尽くしました。

では、武王が殷を倒してつくった周はどうなるかといえば、やはり12代目の王の幽王が褒姒《ほうじ》という女性にうつつをぬかし、笑わなかった彼女を笑わせることのみに国力を費やして、部下の謀反を招きます。最後には「犬戎《けんじゅう》」という遊牧民が国に侵入し、殺された幽王の子・平王が東に逃れ、「東周」という小さな国におさまります（前771年）。このときから中国では「春秋戦国時代」が始まるわけです。

すると皆さんも「えっ？」と思いますよね。結局、中国の古代王朝は、どの国も「女」によって滅ぶのか？　……と。

つまり、これが中国史における「歴史が思想である」という一例なのです。伝承が事実かどうかはわかりませんが、結局どの国も滅んだ。滅ぶ以上は理由がある。そして「女にうつつを抜かして国政を顧みなくなる」というのが、トップとしては最もあってはならないことだったわけです。だからどの国も人格者である各国の創始者に滅ぼされます。この

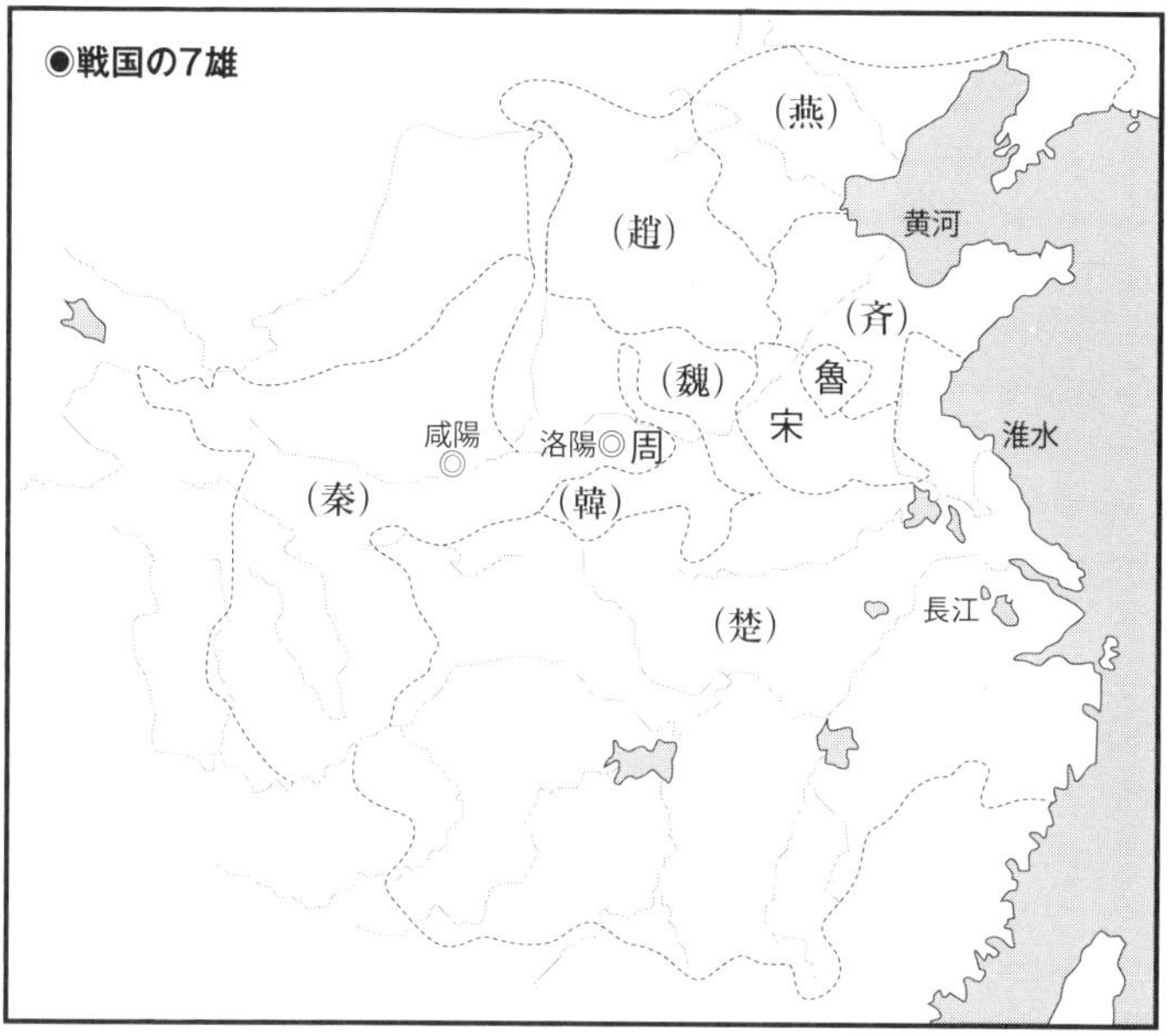

（参考：岸本美緒『中国の歴史』ちくま学芸文庫）

考えは孟子《もうし》の「易姓革命《えきせいかくめい》」という理論で、確固たるものになりました。

でも、それでは歴史は単なるループになってしまいます。実際のところ「殷」や「周」は、どんな国だったのでしょう？

◉周王朝が実現した中国の「理想の時代」

伝説だった「殷」の実在は、すでに１９２０年代に「殷墟《いんきょ》遺跡」の発見によって明らかになりました。このときに人々を驚かせたのは、王墓らしき墓に同時に埋められた、何十人もの殉葬者たちです。

残虐な殷の歴史はこうした風習から連想されたのかもしれませんが、生け贄の祭儀からは、この国の王が宗教的な権威を持っていたことが推定されます。

祭儀における「占い」で使用され、発展していったのが〝漢字〟です。「甲骨文字」と呼ばれますが、亀の甲羅や動物の骨を火にかけ、できた割れ目によって未来を占うもの。殷の時代には、そこに文字が書かれていくようになりました。漢字の発端は、もともとは呪術的なものだったわけです。

しかしこれを滅ぼした「周」の時代になると、「宗教的な統治」という雰囲気は、ずっと薄くなります。その代わりに生まれたのが、歴史上最初の「封建制」でした。

伝承では、封建制は前11世紀に武王の息子の「成王」が、３人の家臣に土地を与え、その国を一族に治めさせることで始まったといいます。家臣だけでなく、もともとの豪族たちも〝周との契約〟によって改めてその地の所有を認められ、自治権を持つ……。

ヨーロッパではその１７００年後くらいに騎士たちが、日本では２２００年後に武士たちが、同じような制度をつくっていくわけです。早くもそれを成立させた成王と、その息子の康王の時代には空前の平和が訪れ、40年にわたって刑罰すら行なわれなかったといわれます。

だから「周」という国は、ある種、中国史の中で「理想国家」のようにも語られます。先に述べた「成王に土地を与えられた家臣」の１人が、周公旦《しゅうこうたん》という人物で、その国が後の「魯《ろ》」という国。その国で生まれた孔子は、何より周の制度を政治の見本に考えました。

しかし理想とは裏腹に、中国に平和な封建制度があったのはこの時代だけ。周が「東周」として縮小すると、代わりに封建諸国が周王室以上の力を持つ「春秋時代」に。やがて自国の武力のみで覇権を狙う「戦国時代」に突入するわけです。これは日本の室町時代から戦国時代への流れと似ていますが、それよりはるか１８００年以上前のことでした。

3 史上空前のスケールを持つ成功者、始皇帝の秘密

……キングダム「秦」、最初の統一王朝の光と陰

◉始皇帝が「中国」をつくった

およそ550年続いた「春秋・戦国時代」という混乱時代と、前221年の「秦《しん》の始皇帝」による全国統一は、中国文化の基礎をつくった時代といえます。

春秋時代には残っていた周の権威も戦国時代には効かなくなり、やがては韓、魏《ぎ》、趙《ちょう》、燕、斉、秦に、長江流域から勃興してきた楚などの国が、官僚制による中央集権化を成し遂げた国家をつくり、張り合う時代になっていきます。

つまり王の神性や伝統性は失われ、強い軍隊を持った者や、国家統治に優れた者が勝利する、実力時代になるわけです。この時代に活躍した「諸子百家」と呼ばれる思想家たちは、そんな意識形成に寄与します。それは3章であらためて学びましょう。

そしてこれらの国家を統一した、秦の始皇帝が、はじめて歴史上に「中国」という概念をつくりあげます。これはアジアの歴史でも、一、二を争うくらい大きなことでした。

というのも、現実的にいえば中国の地は、基本的には戦国時代の延長で、民族もバラバラな集団です。しかし始皇帝によって「1人の皇帝がおさめる国の民＝中国人」という概念が定まるのです。始皇帝は自らの遠征によって、「中国」の範囲を、北は「万里の長城」で分けられる遊牧民との境、南はベトナムの「百越」と呼ばれた地方に区切ります。

だから現在もこの範囲を治める国を、英語では「秦」から生まれた「China」という言葉で呼んでいるわけです。日本でもその昔は「シナ」という呼び方をしていました。

そんな後世にも影響する偉業を、日本人がまだ縄文時代をやっている頃に成し遂げた始皇帝。ただ彼は、長く中国史においては「悪人」のように扱われています。

それは「秦」という国が、結局は息子の代で滅んでしまうこと。永遠の命に執着したこと。始皇帝陵に代表される大型建築に財を費やしたこと。そして何より「焚書坑儒《ふんしょこうじゅ》」と呼ばれる儒教の弾圧を行なったことが、彼の悪いイメージを強化したようです。なんせ後に儒教は国教となるわけですから、評判が悪くなるのも当然でしょう。

しかし始皇帝陵における兵馬俑《へいばよう》の発見や、新しい資料の発見によって、始皇帝のイメージも現在は変わりつつあります。では、中国史の始まりをつくった始皇帝とは、一体どんな人物だったのでしょうか？

◉秦の始皇帝陵の位置

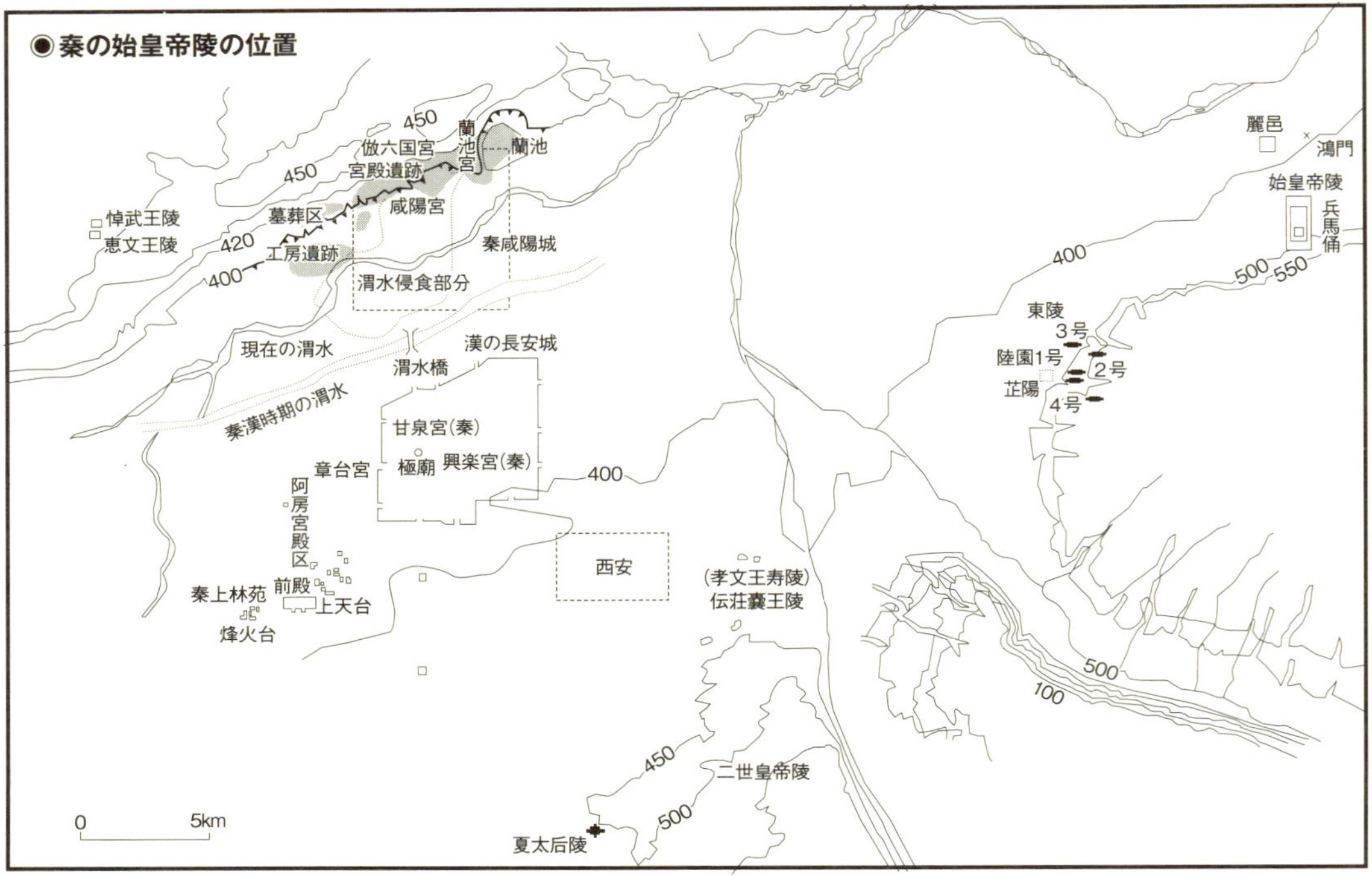

（参考：鶴間和幸『人間・始皇帝』岩波新書）

◉始皇帝が目指した国とは？

始皇帝の本名は、政《せい》（趙正）。「秦」でなく、「趙」の国で生まれました。

なぜ趙で生まれたかといえば、彼の父・子楚《しそ》が、秦から送られた人質だったからです。その子楚に取り入ったのが有名な大富豪・呂不韋《りょふい》で、彼は子楚を太子に担ぎ上げるだけでなく、自らの愛人を嫁がせます。そして生まれたのが政ですから、「本当の父親は呂不韋だった」という説も否定できません。

彼はやがて戦火の中で秦に帰国し、王となりますが、権力は呂不韋に握られる。一方で母親は呂不韋が当てがった絶倫の愛人とともに謀反を起こす……と、ドロドロの親子対立に遭遇するわけです。

そんな中で母の愛人を殺し、母は幽閉し、父代わりの呂不韋を自殺に追い込んで実権を握るのですから、醜い争いのない世の中を望んだのも当然でしょう。

彼は全国統一を果たしたあと、全国に「卑《いや》しくならず、邪悪にならず、良心と貞淑に恥じない尊敬される人を目指しなさい」と記した碑を残していきますが、理想としたのはそんな「秩序ある国」だったのです。これが初めて歴史に登場する「中国」の理想でした。

彼の政策もそれを象徴していて、「周」のように地方権力を認めるのでなく、国が任命する官僚を派遣して、その地を治めさせる制度をつくります（郡県制）。「周の封建制」を理想とする儒学者たちはこれに反対したから、「焚書坑儒」が起こったわけです。

この焚書坑儒は、460人が生き埋めにされるという残酷なものだったとされますが、それでも始皇帝の統一政策によって、各国で違っていた単位や文字、それに貨幣が統一され、「中国」の範囲においては自由に商人が行き交い、言葉が通じ合い、人とモノの移動が活発に行なわれるようになります。彼が整備した道路もこれを後押ししました。

始皇帝は「永遠の命」にこだわり続け、徐福という魔術師のような人間に、不老不死の薬を探させたといいます。彼が最終的にたどりついたのは日本だったとされ、各地には徐福の伝説が残っています。

また彼が若いころから造営した墓「始皇帝陵」は、地下に宮殿をつくり、水銀の川を流し、官吏や兵に模したほぼ実物大の人形（兵馬俑）を8000体以上も配置し、100平方キロメートルともいわれる範囲を区切った壮大なものです。その全貌はまだわかっていませんが、「死後もこの国を永遠に統治する」という願望の表れだったのでしょう。

結局、秦王朝はすぐに滅んでしまうのですが、その統治方法は漢に受け継がれ、以後、「1つの王朝が治める中国国家」という伝統は続いていくのです。

4 項羽と劉邦、勝利するための鉄則とは?

……「漢」の建国と頂点に立つ者の条件

◉項羽《こうう》と劉邦、その違い

永遠の統治を目指した始皇帝ですが、失敗したのは後継です。彼が50歳で死ぬとすぐ側近だった趙高《ちょうこう》が陰謀を企み、皇帝の長男を自殺に追い込みます。代わって次男の胡亥《こがい》が帝位につきますが、趙高は我が者顔に権力を自分に集中させていく……。

このとき生まれた言葉が「馬鹿」。趙高は皇帝に「馬です」と言って鹿を献上するのですが、「違うだろ」と言った者を「上に忠実でない」と殺したとか。

トップがそんな人間たちになったのですから、国はやがて混乱していきます。謀反《むほん》が起こったのは長江流域で、戦国時代の「楚」の国。現在の南京や武漢を含む地域です。

最初に反乱を起こしたのは、陳勝《ちんしょう》と呉広《ごこう》の2人の農民でした。「王侯だって将相だって同じ人間だ」と、彼らは自ら楚の王を名乗り、新たな国の建国を宣言します(前209年)。

2人の反乱は半年で秦に平定されるのですが、この機に便乗したのが、楚の将軍の家柄だった項梁《こうりょう》と項羽。彼らは楚王の子孫を連れてきて、正式に「楚」を復興します。

ここに参戦したのが「沛《はい》」という田舎からやってきた、劉邦（高祖）です。出自はハッキリしませんが、『史記』には「小役人だったが働かず、昼間から酒を飲み、代金は出世したら払うからと豪語していた」と書かれています。ただ妙に人望はあり、地元のはぐれ者たちの親分になっていたようです。

後に戦死した叔父の後を継ぐ項羽と、劉邦。2人は中国の命運を賭けた決戦を開始するのですが、『史記』には彼ら2人が秦の始皇帝を見たときの言葉を、それぞれ紹介しています。

項羽：「いつか彼に取って代わってやろう」

劉邦：「男子たる者、ああなりたいなあ」

秦最後の皇帝を殺して、滅ぼしたのは項羽。中国を統一して皇帝になったのは劉邦。ともに夢を実現させたのですが、歴史は多く勝利者の劉邦を評価し、項羽を悪く描きます。

しかし実際はどうだったのか？　気が荒く、残虐だったとされる項羽ですが、むしろ目立つのは「お人好しだった」ということ。それは他ならぬ劉邦に対してです。

たとえば有名な「鴻門《こうもん》の会」です。史実によれば3代目の皇帝になった子嬰《しえい》が、悪の限りを尽くした趙高を殺して、劉邦に従属する形で彼を迎え入れたとされます。そして先に都に入った劉邦は、入り口を閉鎖して項羽を閉め出してしまうわけです。

明らかに裏切りなのですが、「鴻門」で2人は会見し、策略によって劉邦は逃げる。ただ「劉邦の部下の樊噲《はんかい》が言い訳をしてゆるしてもらった」という話も『史記』は伝えており、この会見が終わったあとで劉邦は、秦の地を治める「漢王」の位をもらっているのです。劉邦の勝因は「項羽が早く彼を討たなかったこと」と言えるでしょう。

項羽はこのとき子嬰を殺害し、秦は滅亡。いよいよ二勢力の戦いになりました。

◉あまり英雄視できない400年王朝の建国者

項羽はその後、楚王を殺害し王権を奪ったとされますが、確かなことはわかりません。劉邦に対し項羽は妻と両親を人質にしていましたが、同盟が成立すると解放されます。冷酷だったのは劉邦のほうで、同盟が成立後、隙を突いて項羽軍を壊滅に追い込んでしまいます。両親が人質になっていたとき項羽が「親を煮殺すぞ」と脅せば、彼は「そのスープを飲ませろ」といった応酬をしているのです。

有名な「四面楚歌」も、すでに包囲して滅亡寸前にある項羽に対し、わざわざ兵士たちに楚の歌を歌わせて「もうお前に味方する者はいないぞ」と追い打ちをかけた行為。国家建国の英雄にしては、かなりやり方がえげつないという感じもします。

その最後も、項羽は恋人だった虞美人《ぐびじん》にお別れし、劉邦の軍勢に昔の知人を見つけ、「首を持っていけば賞金がもらえるぞ」と自分の首を切り落とす。格好いいんです。

一方で劉邦はといえば、「漢」の初代皇帝として都にした長安で安らかに死ぬのですが、そのあとで妻の呂后が、世界史上に残る悪女ぶりを発揮します。気に入らない者をことごとく抹殺し、劉邦が可愛がっていた側室など、手足と目と舌を奪い、便所で飼われたとか。最も「民衆に対しては善政をした」とフォローはされてますが……。

後に見るように、この辺りには『史記』の著者・司馬遷の、漢王室への不満も反映されたのかもしれません。事実を見れば、項羽と劉邦の戦いでキャスティングボードを握ったのは、項羽を裏切って劉邦陣営に参加した韓信《かんしん》だったのでしょう。

「股くぐり」のエピソードで知られるほど辛抱強く、「背水の陣」を世界で最初に実行した名将・韓信。劉邦の勢力拡大にも、項羽軍の打倒にも一番貢献しました。

しかしそんな彼も、裏切り者として呂后に処刑されます。結局、誰が成功者だかわからない「項羽vs劉邦」ですが、歴史は完璧な人格者によってつくられるものではない。どんな偉大な功績をあげた人間も、欠点を持ってもいれば、失敗もするのです。そんな劉邦によって、後漢を含めれば400年続く王朝は生まれました。

5 「歴史」という学問をつくった苦学者、司馬遷

……「史記」の完成と、中国文化を支えた「宦官」の歴史

◉漢の黄金期、武帝の時代

これまでにもたびたび登場してきた『史記』。著者の司馬遷は、紀元前145年に生まれ、「漢」の黄金時代を築いた武帝に仕えた人物です。

彼がそもそも『史記』を書き始めたのは、父の後を継ぎ「太史令」という記録係の管理職を継いだから。歴史書の編纂は父の遺言でもあったそうですが、仕事に取りかかるとすぐ、有名な「李陵《りりょう》事件」が起こります。

これは李陵という彼の親友だった将軍をかばった事件ですが、司馬遷は武帝の怒りに触れ、48歳にして男性のシンボルをカットし、宦官《かんがん》にされるという不遇に遭います。

宦官制度とは、日本にはありませんでしたが、後宮に仕える官僚を去勢する制度。後に実権を握る者も現われますから、決して社会的地位を奪われたわけではありません。

ただ、男性の読者であれば、肉体的のみならず、その精神的苦痛は想像したくもないでし

ょう。司馬遷もさぞ苦しんだと思うのですが、彼はその不満を執筆のエネルギーにし、後世にまで残る大著を書き上げました。

いったいそこには、彼のどんな思いが託されていたのでしょう。まずは武帝の時代とは、どんな時代だったのか？

漢の7代目皇帝、武帝の功績には、次のようなものがあげられます。

・「呉楚七国の乱」以後、力を増した地方諸侯を弱体化させ、王室による中央集権化を進める

・儒教を国家理念として採用し、国内の秩序回復に努めた

・周辺民族に遠征し、王国の安全を回復させた

儒教の部分を除けば、彼が目指したのは、始皇帝型のカリスマ王政だったと言えるでしょう。その中で活用されたのが将軍たちであり、最も大きな敵は、今のモンゴル付近から絶えず中国を脅かしてきた「匈奴《きょうど》」という遊牧民でした。

◉『史記』を生んだ夢と挫折の時代

匈奴のことを司馬遷は、「馬、牛、羊を養い、水や草を追って生活する」民族と記述しています。その系統はハッキリしていませんが、モンゴル高原を中心に、広くアジアで移動

生活を行なう遊牧騎馬民族でした。

すでに始皇帝は匈奴からの防衛のために、「万里の長城」を築いたことを述べました。漢建国者の劉邦（高祖）は、彼らを討とうとして逆に包囲され、貢《みつ》ぎ物として絹や公女までも差し出すような屈辱《くつじょく》を味わわされています。

なぜ文明国の中国が、たかが遊牧民を恐れなければならないのか？　日本人である私たちには理解不能でしょう。

しかし彼らは「馬」という高速の移動手段を持ち、「子どもでも弓の達人だった」と語られるくらい戦闘にも慣れている。「単于《ぜんう》」と呼ばれる王のもと、国家体制も整えていました。しかも家畜の生殺与奪を担う民族ですから、彼らは命を奪うことに躊躇《ちゅうちょ》しません。現代的にいえば、大量の銃を持って改造車に乗った軍団が、絶えず村や町を荒らし回っているようなものなのです。歴史において中国人たちは、つねにその脅威と隣り合わせでした。

しかし武帝の時代は、国に秩序が回復され、意識が外に向いていた時代です。

すでに紀元前140年には、中央アジアにあった「大月氏《だいげっし》」という国と同盟を結ぶため、張騫《ちょうけん》という人物が派遣されます。彼は匈奴に捕まって十数年の現地生活を余儀なくされますが、混乱に乗じて武帝のもとに帰り、西域の様子を伝えます。彼をかくまったフェルガナ（現在のウズベキスタン）という国は、恩を仇《あだ》で返すように武帝に征服され、やがて漢に

「汗血馬」という見事な馬を支給することになります。

さらに時を同じくして、衛青《えいせい》と霍去病《かくきょへい》という2人の武将が、匈奴の遠征に成功します。匈奴はゴビ砂漠の西に追い出され、敦煌《とんこう》を基点にした漢の西域経営が始まりました。

そんな中、李陵が参加する「第2次匈奴制圧」が行なわれたのです。若き日に中国全土を旅したという司馬遷も、彼の活躍とさらなる漢の発展には大きな夢を託したでしょう。

しかしこの二次遠征は失敗。李陵は捕虜となり、内通を疑った武帝は、彼の家族を処刑してしまいます。これに反対した司馬遷は宮刑に。李陵は匈奴の地で一生を過ごしました。

以後、武帝はベトナムや朝鮮半島にまで支配領域を広げますが、それがピーク。死後の漢は勢いを失い、やがて王莽《おうもう》が「新」を建国して政権を乗っ取ります。

司馬遷はといえば、そんな漢の命運をよそに、『史記』を書き続けました。ただそれが自分に与えられた使命なのだと信じて……。

建国の英雄の悪行も堂々と描き、歴史の失敗者にも光を当て、知名度は低いけれど義に徹した人物を英雄として描く……そんな『史記』の記述は、まさに彼の人生を象徴していたわけです。世界中の歴史家や作家たちに影響した著作は、こうして生まれました。

6 シルクロードでつながる世界
……すでに紀元前にグローバリズムは始まっていた

◉民のための国、劉秀《りゅうしゅう》による後漢の建国

紀元8年に王莽が漢から王位を簒奪《さんだつ》して、建国した「新」という国。その理想は儒教に基づく理念政治だったのですが、1000年以上も前の「周」に時代を戻すこと。すでに中国では、商人たちのネットワークを中心にした貨幣経済が活発化しています。これを商業がまだ未熟だった時代に戻すのですから、経済の混乱が起こるのも当然で、折からの飢饉とも相まって各地で反乱が起こりました。

異民族と、怒った民衆と、宗教団体。後ろの2つはたいてい結びつくのですが、中国の王朝というのは、ほぼこの3つのどれかが引き金になって滅んでいきます。「異民族」には後の日本人も含まれますが、秦も「陳勝・呉広の乱」という農民反乱で滅びました。

新を弱体化させたのもやはり「赤眉《せきび》の乱」という農民反乱で、もともとは小さな罪で息子を県令に殺害された呂母という女性が、「誰か報酬を出すから仇を討ってくれ」と募集を

かけたのが始まりだそうです。最後には数万の軍勢になります。

こんなことで中国の王国は危機を迎えるのか？　……と驚くのですが、これが「中国という共通概念は持っていても、内実は各地バラバラ」という文化的特徴なのでしょう。

結局この乱を収束させたのは、漢の王室の血を引く劉秀という人物。といっても「馬が買えなくて牛に乗っていた」と言われるほどの貧乏な豪族だったのですが、彼が「光武帝《こうぶてい》」として即位し、「後漢」という王朝が誕生します。

貧乏な境遇で民衆の気持ちをよくわかっていたからか、劉秀は反乱を起こした赤眉軍を処罰せず、後漢の正規軍に引き入れます。さらにお金をかけて長安の都を再建するのでなく、洛陽の地を新都に定め、減税政策や奴隷解放令で民衆の心をつかみました。

さらに儒教を活性化させ、教育の普及にも努めます。後に後漢の105年になって、宦官だった蔡倫《さいりん》が製紙法を確立しますが、これによって中国ではゆっくりと書物の文化が発展していくことになります。ただしこれが世界に広がるのは、後の話です。

そんなふうに内政を重視したのが、劉秀に始まる「後漢」の王朝ですが、一方では武漢時代のような対外遠征には消極的になります。

しかし平和な中国が生まれたことで、東西の交流が一気に加速することになったのです。

そのルートが、後に「シルクロード」と呼ばれる交易路でした。

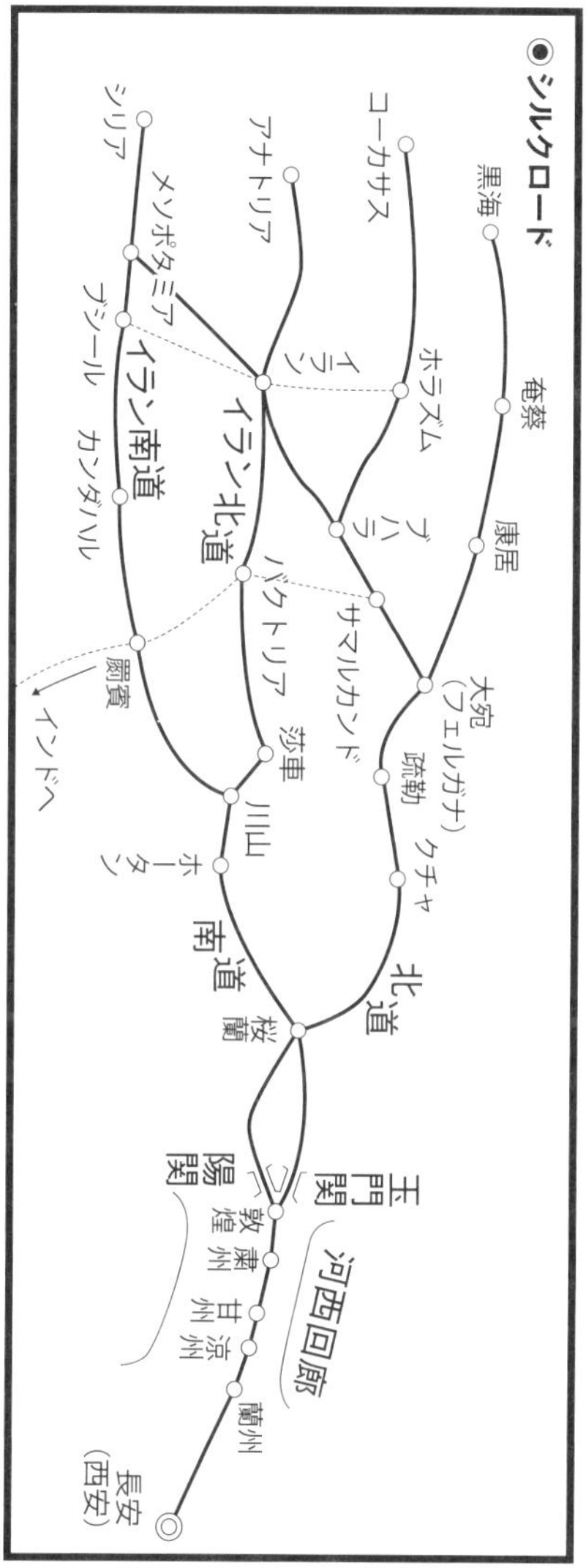

（参考：長澤和俊『シルクロード』講談社学術文庫）

◉シルクロードの開拓者・班超《はんちょう》

「シルクロード」というのは、19世紀ドイツのリヒトホーフェンという学者が付けた名前ですが、「中国の絹が西方に運ばれた道」ということ。現在のモンゴルからカザフスタンを通りカスピ海にいたる「ステップロード」と、ウズベキスタンやトルクメニスタンを通ってパミール高原（タジキスタン、アフガニスタン）に達する「オアシスロード」が知られています。その他に6章で述べる「海を通る道」もありました。

中国に対峙するシルクロードの西側には、インド、イラン、そして中国側で「大秦国」と言われたローマ帝国という、文明が栄えた地域があります。

そしてこの道沿いにあったオアシスの小さな国々や遊牧民たちは、早くから東方と西方を結ぶ商人として中継貿易をしていたわけです。先に紹介した匈奴も、じつは「中国に侵入したついでに絹を買い付けていく」というくらい商売に長《た》けていました。

一方で国外に対しては消極的だった後漢ですが、二代目皇帝・明帝の時代に、ベンチャー精神をもった人間が登場します。それが「虎穴《こけつ》に入らずんば虎児《こじ》を得ず」という言葉を残した班超という人物です。

班超のいう「虎」とは、匈奴のこと。彼らは武帝がいなくなってから再び勢力を増し、周辺地域のみでなく、漢の王室にもプレッシャーをかけていました。匈奴に捧げられた美女「王昭君」の悲劇もそのころに起こります。

しかし後漢の時代、匈奴は南北に分裂し、討伐するチャンスが生まれました。班超は竇固《とうこ》という武将の討伐軍に参加し、シルクロードを荒し回っていた北匈奴を撃退するわけです。このとき匈奴側の国で、罠《わな》と知りつつも逆に匈奴の使節を討つことでその国を味方にした故事が、「虎穴に入らずんば虎児を得ず」です。

班超は遠征が終わっても西域に留まり、シルクロードにあった小国を、次々と後漢の「冊封《さくほう》体制」に取り込んでいきます。これは「形の上で従属することによって後漢からの保護を受ける」という、いわば〝中国連合の傘下になる〟という連合。保護されるだけでなく、「大国との貿易も保証される」という特権もあるわけです。ちなみに『後漢書』によれば、傘下には当時日本にあった「倭奴国《わのなこく》」も含まれ、国宝の「漢委奴国王印《かんのわのなのこく》」はそのときのものとされます。

さらに班超は、遠くローマ帝国にも甘英という人物を派遣しますが、これは失敗。ただローマからは、166年に海を通って使節が訪れています。

7 日本人が憧れる三国志の時代

……諸葛孔明と英雄たちの仕事術

◉義に徹した天才軍師、諸葛孔明《しょかつこうめい》

光武帝（劉秀）の善政で始まった後漢も、末期になると「外戚」と言われる皇后の親族たちや宦官たちが、宮廷内で権力争いを繰り広げるようになります。また地方も班超亡きあとは統制が効かなくなり、異民族たちの侵入が続きました。

混乱の中で立ち上がったのは、張角を主導者とする「太平道」という宗教団体です。黄色い頭巾《ずきん》を被ったことから「黄巾《こうきん》の乱」と呼ばれますが、数十万の大軍勢になります。

この乱は後漢の救済に駆けつけた各地の将軍に鎮圧されますが、今度はその将軍たちが実権を争うようになっていきます。これがやがて後漢の王を担いだ曹操《そうそう》の「魏」、漢王室の血統を継ぐ劉備の「蜀《しょく》」、長江流域の孫権による「呉」の三国に絞られていく。日本でも人気が高い「三国時代」が始まるわけです（220～280）。

そもそも「天下三分の計」として、三国が並び立つ地図を描いたのは、諸葛亮《りょう》（孔明）。

ビジネスパーソンにも人気の高い人物です。

時代が自分を求めるまでは、ひたすら読書漬けの毎日を送っていた諸葛亮。その評判を聞いた劉備。「三顧の礼」という三度の訪問で、彼は「蜀」の軍師となります。そして「呉」と同盟し、有名な「赤壁の戦い」では、大軍を率いる曹操の軍を破りました（208）。

そこまで才能を買われて迎え入れられた諸葛亮でしたが、悲劇だったのは彼の本意が、歴戦の勇者たちには、あまり聞き入れられなかったことです。武神と恐れられた将軍・関羽は、反対を押し切って呉と開戦して戦死。勇将だった張飛も、マネジメントの忠告を聞かず、部下の裏切りで殺されます。

あげくトップの劉備さえ、関羽の復讐とばかりに呉に攻め込んで自滅してしまうのです。命からがら帰ってきた彼はまもなく病死するのですが、困ったのは戦力の多くを失った状態で、後を継ぐ息子と国の将来を託されてしまった諸葛亮でしょう。

それでも劉備の死から、諸葛亮が死ぬまでの11年、彼は自らが主導して、蜀の復興に努めます。彼の真髄は天才性より、むしろこの義を果たす信念にあったのかもしれません。かつては三度断った職、けれども南方の民族紛争を治めるときは、「7回敵を捕らえた後ゆるす」というやり方で、逆にこの国を領土に組み込みます。辛抱強さは持っていたのです。

（参考：岡田英弘『中国文明の歴史』講談社現代新書）

ただ彼の死後、三国の中で最も早くの263年に、蜀は「魏」に滅ぼされました。

◉覇者・曹操とはどんな人物だったのか？

正義の王とされる劉備、戦略家として名を馳せる諸葛亮、中国では後に「関帝」という神様にまでなった関羽。そんな「蜀」の英雄に対して、最後には三国時代の覇者になった「魏」の曹操は、たいてい中国でも日本でも、あまり良くは描かれません。

しかし曹操という人物の実像を見ると、そのイメージもかなり変わります。何より彼は詩人でもあったという文化人であり、戦場で本を読むくらいの勉強家であり、寛大で大らかな心を持っていた人物でした。

たとえば先の諸葛亮は、義に徹した人ではあるものの、非常に規律に対しては厳しい人間でした。「泣いて馬謖《ばしょく》を斬《き》る」という言葉どおり、命令違反があれば、大切な部下でさえも軍律違反で処刑した。また軽はずみに出た言葉であったとしても、上層部を批判した部下がいれば、死をもって処罰したとされます。

ところが曹操はといえば、自分を批判した者も、能力があればゆるして活用しようとしたのです。かつて袁紹《えんしょう》という敵を落としたとき、彼の所有物から部下が内通しようと出した手紙を見つけましたが、「実際には裏切ってないからいい」と不問にしたくらいです。

三国時代に入る前、蜀の劉備は一時、曹操のもとに身を寄せていました。このとき部下の関羽は曹操の下で働きます。

関羽を気に入った曹操は彼を引き入れようとしたのですが、彼は劉備への義理を通したいと拒否。けれども曹操は彼の忠義に心打たれ、軍から離脱するときも追っ手をかけませんでした。「呉」に彼が討たれたあと、関羽の首は呉から曹操にも送られるのですが、それを見て「自分の部下だったらなあ」と嘆き悲しんだといいます。

じつは曹操の出自は、後漢の宦官が養子にした人物の息子という、あまり誇れたものではありませんでした。自身もコンプレックスを持っていたようですが、他人の生まれや過去を問うことなく、ただその能力で人を見ました。曹操のもとには、中国全土から才能を持った〝問題児〟たちが多く集まりましたが、そのぶん蜀や呉よりも1つ抜き出たのかもしれません。

曹操にはあまり名誉欲もなく、生存中に息子の曹丕《そうひ》に、王位をすぐ譲っています。彼が死ぬと曹丕は預かりの身だった後漢の皇帝に身分を禅譲させ、正式に「魏」が誕生。後漢は滅びます（220）。その60年後、この国の武将だった司馬炎が呉を制覇して中国は統一されますが、彼は曹一族から帝位を奪い、国は「晋（西晋）」と変わっていました。

第2章

中華VS異民族——果てしない興亡の王朝史

支配し、支配されの
“堂々巡り”から学べるもの

知ってておきたいこと

蛮族に征服される大国、日本とまったく異なる中国史

北魏《ほくぎ》、隋《ずい》、唐、遼《りょう》、金、元、清、これらはヨーロッパや日本が進出するまで「世界の中心の1つであった中国」の全土、あるいは北側半分を治めた王朝のいくつかです。

これらに共通するのは、いずれも鮮卑《せんぴ》、契丹《きったん》、女真《じょしん》、モンゴルといった、異民族によって建てられたものであるということ。漢民族による王朝で中国全土を統一したのは、宋と明くらいになります。

匈奴のところで述べたように、中国の地で生活をしていた人々にとって、すぐ陸続きの場所に「馬を駆使する、強力な武装集団」が存在しているというのは脅威でした。たびたび彼らは略奪だけのために侵入し、住民の命を奪うのにも躊躇なかったわけです。

略奪のみに飽き足らず、彼らがそこにあった王朝を滅ぼして自ら新王朝を起こしたのは、決して文明社会に憧れたからではありません。多くは環境の変化だったり、他の民族に圧迫された結果、新天地を求めて豊かな中国の地に移住した結果でした。

だから彼らは中国の支配者となっても、その官僚組織を生かし、地方に根づく権力と結び、文字文化や儒教、あるいは科挙《かきょ》制度など、この地に根づいた文化システムを生かしていきます。その度合いは民族によって違うのですが、漢字で書かれた王朝名

が示すとおり、どんな征服王朝も「中国」の文化に融合され、トータルな歴史の一部として吸収されていくのです。

ただ、彼ら征服民たちから、中国が受けた影響もありました。アメリカの軍事学者、ジョン・キーガンは、モンゴル人やトルコ人などの遊牧騎馬民族が世界に与えた影響を分析し、彼らは「戦争とは自律的な活動でありうるし、戦士の生活はそれ自身が文化であるという理念の力を与えた」と述べています（『戦略の歴史』中公文庫）。「生き抜くために隣国を攻撃して、そこを乗っ取る」民族は、「その地に根づき、そこで文明をつくる」民族と正反対のものです。しかし文明国が一度脅威にさらされると、彼らのやり方に影響され、各国にどんどん軍隊を送っていくことになります。

ヨーロッパでもモンゴル人やトルコ人の脅威にさらされたことで、後に帝国主義へ続く侵略思想が芽生えていきました。では、中国はどうだったのか？

いずれにしろ、これは日本がほとんど蚊帳《かや》の外にいた、世界史の大きなうねりだったのです。グローバル社会で生きる私たちは、それを理解しておくべきかもしれません。

8 遊牧民族に支配される歴史が育んだもの

……「北魏」の成立と南北朝時代

◉中国に流入してきた大勢の遊牧民たち

四方を海に囲まれている日本は、「国境」と言われてもピンと来ないところがあります。けれども世界中のほとんどの国は、他の国と陸地で隣り合っているのです。すぐ目の前に豊かな国があると思えば、生活に困窮する国の住民は、「あっちへ行きたい」と思うようになるでしょう。

現代世界でも、いたるところで難民や移民の問題は発生しています。これが明確な国境もない時代で、しかも本国が混乱状態ということになれば、警備する人間などまったくいなくなります。よって辺境付近はあちこちの民族が好き勝手し放題になるわけです。

ただ「黄巾の乱」以後、人口が減っていたこともあり、彼らの移住はむしろ歓迎されました。つまり英雄たちの「三国時代」は、辺境やシルクロードにいた遊牧民たちの移動が活性化した時代でもあったのです。

遊牧民の移動は中国に限った話ではなく、3世紀になるとヨーロッパでは「フン族」の移動に押される形で、ゲルマン人の大移動が始まります。これがゆくゆくはローマ帝国を滅ぼすことになるのですが、この「フン族」は「匈奴」だったともいわれます。

移動の理由としては、環境の変化や人口の増加などさまざま考えられていますが、世界の歴史は決して文明国ばかりがつくってきたわけではありません。中央アジアの草原に住む遊牧民たちが、西でも東でも歴史に大きく関わっていたのです。

一方で中国は、三国の内乱時代を280年に「晋」が統一。しかし「魏」から王位を奪ってこの国をつくった司馬炎が死去すると、「八王の乱」と呼ばれる一族の内乱が起こり、国は再び混乱状態になります。建国してたった10年でのことでした。

この内乱の中で、中国に流入してきていた遊牧民たちが軍閥となり、それぞれ挙兵していきます。その代表が「匈奴」「羯《けつ》」「鮮卑」「氐《てい》」「羌《きょう》」の5族で、中国の北半分は100年にわたって彼らがつくった小国が抗争を続ける時代になりました。これが「五胡《ごこ》十六国」と呼ばれるものです（304〜439）。

一方で洛陽を追われた「晋」の一族は南へ逃げ、現在の南京《なんきん》（建康）に亡命政権をつくります。これが「東晋《とうしん》」（317）で、南北はそれから独自の歴史を歩み出します。

◉異民族であることを放棄した蛮族の王

突然、私たちの国に、5種類の民族がやってきて、たくさんの国をつくって勢力争いを始めた……という状況を考えてみてください。もともと住んでいた者たちにとっては、たまったものでありません。反発もあれば、従わない集団も出てくるでしょう。だからでしょうか。最終的に中国の北側を統一したのは、「征服王朝」でなく「浸透王朝」と呼ばれるくらい、中国文化との融合を目指した「鮮卑」の拓跋《たくばつ》氏という一族でした。

彼らが建てた王朝が「北魏」(386〜534)です。3代目の皇帝・太武帝のときに北京までを落とし、中国の北側を統一します。これより「南北朝時代」が始まりました。

北魏は、中国式の官僚制を採用し、祭祀にも中国王朝式を採用するなど、積極的な「中国化政策」を押し進めました。漢人による官僚も、大幅に採用しています。

とくに極端だったのが6代目の孝文帝(471〜499)という皇帝で、服装や祭祀のみならず、鮮卑族の言葉ですら、宮廷内では使用禁止にしてしまいました。名前も中国式に改め、首都も歴代王朝があった洛陽に戻します。

征服者が被征服者の文化を強制使用するのですから、これまでついてきた鮮卑の一族には面白くないでしょう。しかし融合政策も100年すると、すっかり文化は中国色に染まり、少数派だった鮮卑の言葉も内輪でしか通じなくなっていたわけです。他民族をたばねて長く繁栄する王朝を築くには、「征服者が乗っ取った国」でなく、「そこに住む誰にとっても納得できる国」をつくる必要がありました。

じつはこの孝文帝が崇拝したのは、儒教でも、鮮卑族の宗教でもなく、インドからシルクロードを通じてやってきた仏教でした。すでに5世紀くらいから北魏の皇帝は仏教を推奨し「雲崗石窟《うんこうせっくつ》」などがつくられていますが、孝文帝も仏教の普及に努め、洛陽の近くに「竜門石窟」をつくっています。

混乱がずっと続いてきた中国ですから、仏教は庶民たちにも浸透していき、やがてこれが日本にも伝わっていくわけです。

しかしながら孝文帝の改革はやはり急進的すぎ、やがて「六鎮の乱」という地方軍閥の反乱が起こりました。北魏は「東魏」と「西魏」の2つに分裂します（534）。

一方で南朝の東晋はといえば、こちらも宋、斉、梁、陳と、王権はめまぐるしく変わりました。しかし文化後進国だった華南も、このとき漢族からの移民を多く迎え、南京を中心とした「六朝文化」と呼ばれる独自文化が生まれます。中国の〝南北の違い〟は、このときから顕著になっていくのです。

9 「新しい中国人たち」の誕生

……日本がお手本にした「隋」と「唐」

◉270年ぶりの統一王朝と遣隋使

およそ270年間、分裂状態にあった中国を統一したのは「隋」という王朝。日本史では聖徳太子が遣隋使を送った国としてよく知られています。

北魏が分裂してできた「西魏」は、いくつかの鮮卑の部族が将軍家となって統治するシステムになっていました。隋を建国した楊堅《ようけん》（文帝）は、その出身。先に西魏に代わって「北周」という国をつくった一族も、後に「唐」を建国する一族も、将軍家の1つです。

すでにお隣の「東魏」は「北斉」と名を変え、南朝も分裂状態にありました。楊堅は「禅譲」という形で隋を建国したのですが、ほぼ一代で広い中国を統一しています（589）。

鮮卑の部族とはいいましたが、彼らは五胡十六国時代から中国に侵入し、ほぼ漢族と同化しています。一方で漢までの時代の中国人はといえば、「黄巾の乱」や「三国時代」の内乱を通して、人口が10分の1以下になったともいわれます。

つまり、このときほとんど「中国人」という民族は、血統が入れ替わってリシャッフルされたような状態になっているわけです。もともと概念で生まれたような「中国人（華人）」ですが、ここに来てさらに彼らは人種混合した民族になってしまいました。

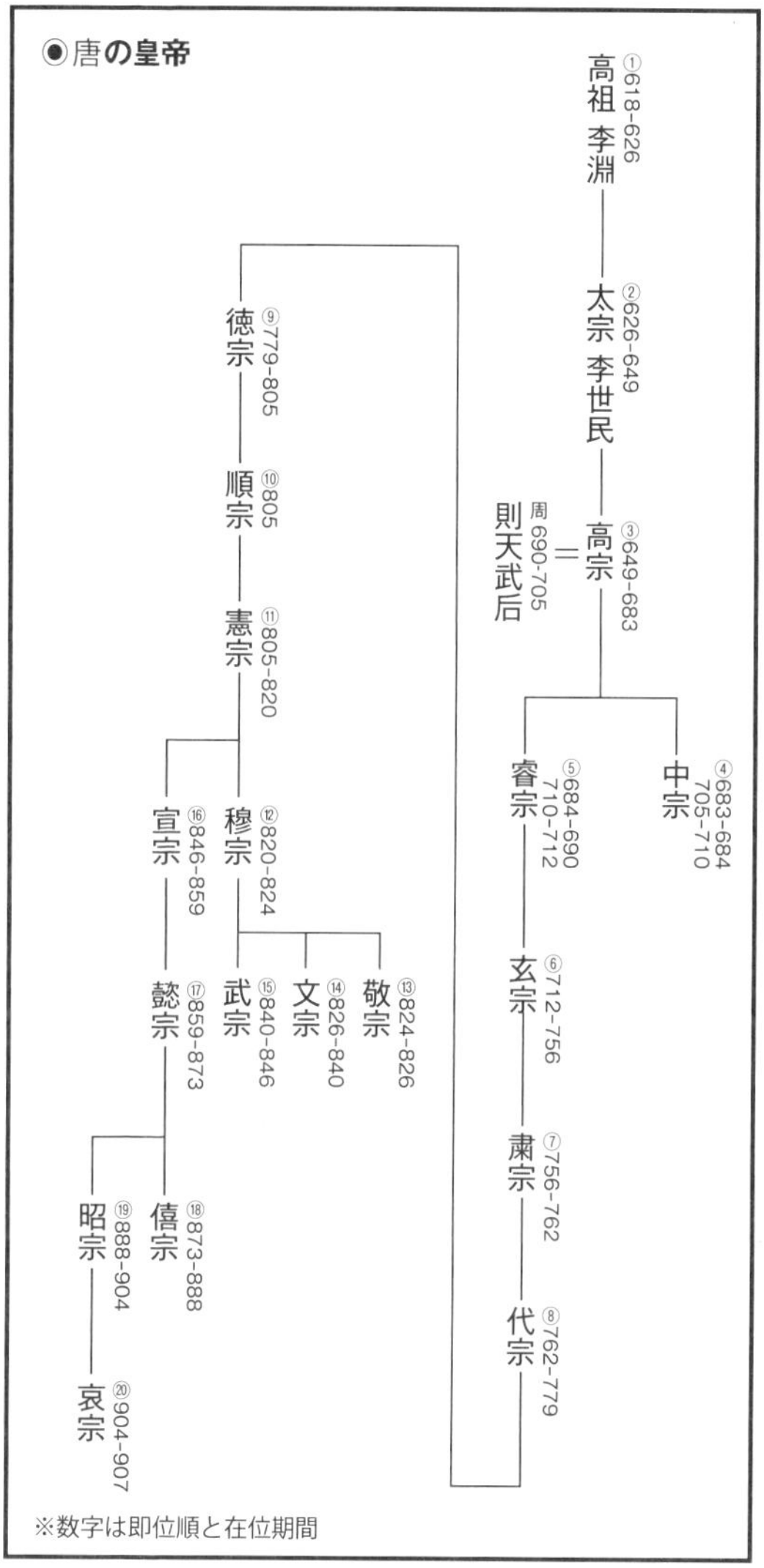

（参考：岡田英弘『中国文明の歴史』講談社現代新書）

といってもこれは中国に限った話でなく、ヨーロッパでもやはり民族移動によって、ゲルマン民族とケルト民族やラテン民族の融合が起こり、現在のイギリスやフランスにつながる国が生まれています。日本も本当は弥生時代にそれを経験しているのですが、それ以後の国境を侵されない歴史のせいで、「国」と「民族」をほとんど同一に考えがち。世界の歴史を見れば、じつは「国」も「民族」も最初からハイブリッドで流動的なのです。

いずれにしろ〝ごちゃまぜになった中国〟を急速に再統一するため、隋は「遊牧民式」でなく、それまでの中国王朝が培ってきた官僚制を再整備し、法体系も整えていきます。同時に幅広い層から実力ある官吏を採用しようと、試験による任官制度も開始します。これが「科挙制」ですが（607）、定着したのは宋時代になってからでした。

さらに二代目皇帝になった煬帝《ようだい》は、人員を大量動員して都・長安の再建と、黄河と長江を結ぶ大運河の掘削に着手します。しかしこの負担と、朝鮮半島の国「高句麗《こうくり》」への遠征に失敗したことなどで不満を招き、再び中国は混乱状態に陥るわけです。

いずれにしろ聖徳太子（厩戸皇子《うまやどのみこ》）が遣隋使を送って学んだのは、じつはこんなふうに〝急遽やっつけ〟で復活させた都であり、官僚制であり、法体系制度だったわけです。歴史がわかっていたとすれば、彼が隋皇帝に宛てた「日が沈む国の王へ」という上から目線の書面も、案外と的確だったのかもしれません。

◉人心掌握の天才・唐の李世民《りせいみん》

混乱した中国を再び統一したのは、「唐」を建国した李淵《りえん》（高祖）……ではなく、父親を上手く誘導したその次男・李世民（太宗《たいそう》）だったといわれます。

伝承によると、隋の煬帝に仕えていた父親を宴席で酒に酔わせ、こっそり帝《みかど》の愛妾《あいしょう》を侍《はべ》らせてしまう。それで「バレたら死刑になる、挙兵するしかない」と脅しをかけたとか。当時20歳そこそこだった李世民ですが、とんだ息子もいたものです。

ただ煬帝はそのころ、反乱などそっちのけでバカンスの最中。そこで部下によって暗殺されます。李淵は帝の孫から皇位を受け継ぐ形で「唐」を建国しました（618）。

いずれにしろこの初代皇帝には長安の都で控えてもらって、戦場を駆け巡ったのは李世民でした。

「龍や鳳凰《ほうおう》の姿を有し」と形容され、じつは現在でも「中国史上最高の名君の1人」とされる李世民。すごいのは戦うたびに敵の有力な武将や宰相をことごとく味方にしてしまうことです。〝戦うたびに強くなる軍勢〟で、彼は対抗勢力を次々と破っていきました。

当時の中国には、漢人もいれば、彼と同じ北魏時代から続く鮮卑系の民もいれば、他の民族もいました。このころ北部に流入してきた「突厥《とっけつ》」というトルコ系民族もいます。

相手がどんな人間だろうが、分け隔《へだ》てなく、その長所を認めたことが、どうも彼の成功理由だったようです。彼は早くから「十八学士」という様々な能力を持つ賢人を集めたスタッフを置き、戦略や政策を議論しながら決めていたとか。王朝時代の皇帝には珍しく、非常に民主的な人物だったのでしょう。

ただ次男であった運命から、長男との確執だけは避けられませんでした。「仲が良かった」ともされる兄弟ですが、彼は帝位に就く際に兄を暗殺しています。

しかしながら内乱はなく、逆に兄に仕えていた者を採用し、李世民は「太宗」として国土の安定化に努めました。中国史の中で彼の功績は理想化されているようなところもありますが、その治世は「貞観の治」と呼ばれ、日本でも縁起を担《かつ》いで平安時代にその年号が採用されています。

また北部にいた遊牧民族も一致して彼の統治を認め、「天可汗《テングリカガン》（世界皇帝）」の称号を贈りました。

10 悪女と美女の中国史
……則天武后、楊貴妃、そして歴史を彩る怖い女性たち

◉悪女？　賢帝？　中国史で唯一の女性皇帝

李世民（太宗）の後を継いだのは、末子だった高宗ですが、病弱で気が弱い性格だったようです。その夫に成り代わって執政を行ない、死後は中国王朝で唯一の女帝にまでなってしまったのが、中国の三大悪女に数えられる武則天（則天武后）でした。彼女が一次的に建てた王朝は「武周」と呼ばれます（690～705）。

何が悪女だったかといえば、彼女が皇后になる過程でしょう。後の歴史書『資治通鑑』によると、もともと李世民の妃だった彼女は、そのころから息子の高宗と仲良くなっていました。さらに高宗の正妻だった王皇后に取り入り、皇后が嫉妬していた側室を蹴落とすため、王宮に迎えられて側室の1人になります。「彼女ならば安心」と思わせたのでしょう。

武則天と高宗との間には子どももできます。しかし彼女は我が子を殺し、その罪を王皇后になすりつける。王皇后はライバルの側室と一緒に監禁され、皇帝が2人をゆるそうと

しているのを知ると、武則天は百叩きの上、体をバラバラにして酒漬けにしてしまう……。

この話が本当かどうかはわかりませんが、彼女の時代は一種の恐怖政治で、反対派は粛正され、一方で彼女の一族は優遇されました。ただそれ以上に、彼女は味方をつくるため、科挙制によって積極的に優秀な官吏を採用。彼女が育てた官僚は、やがて「開元の治」と呼ばれる善政を行なった玄宗のブレーンになっていきます。

国内でも目立った反乱は起こらず、むしろ武則天は対外的な脅威を取り除き、国家を安定させています。彼女を頂く唐軍に破れたのは、他ならぬ日本でした。それは663年の「白村江《はくすきのえ》の戦い」です。

このとき武則天は、朝鮮半島にあった「新羅《しらぎ》」からの要請で軍を派遣、新羅と対立していた「百済《くだら》」を滅ぼし、同盟国として参戦した中大兄皇子《なかのおおえのおうじ》の軍も破っています。たびたび国境を侵していた朝鮮半島の「高句麗」も、新羅と征服してしまいました（668）。

彼女は学問にも熱心だったようで、仏教、儒教、道教も、この時代には発展しています。つまり「悪女」とはいわれながらも、歴史的には大きな成果を残したのが武則天でした。むしろ国を滅ぼしたのは、次に紹介する「世界三大美女の1人」のほうでしょう。

◉楊貴妃《ようきひ》の悲劇はなぜ起こったのか？

武則天の後は「唐」という国号が戻りますが、次の中宗《ちゅうそう》が韋后《いこう》に暗殺される混乱も起こりました。しかし父・睿宗と権力を奪い返し、すぐに譲位されることで「開元の治」と呼ばれる唐の絶頂期を演出したのが、皇帝・玄宗です（712〜756）。

ただ、名君とされるには少し問題もあるようで、『中国義士伝』（冨谷至著、中公新書）という本では、「豪華な宮殿に、楽団を連れて頻繁に催される宴に、動物園まがいの施設にと、享楽のための浪費ばかりが目立つ」と評価されています。

善政を行なえたのは、祖母だった武則天の時代から国の安定に努めてきた官吏たちのお陰だったのかもしれません。

ただ彼の王宮だけでなく、当時、長安の都は、国際都市として最も華やかな時代を迎えてもいたのです。

高宗と武則天の時代に、西域では脅威となっていたトルコ系の突厥（西突厥）の力が抑えられ、シルクロードの安全が確保されます。長安にはイラン系のソグド人やトルコ人といった外国の商人が溢れ、ペルシャの美術品や、ラピスラズリのアイシャドー、それに胡食や胡服といった西域風の食事や衣服も流行。ワインが入ってきたのもこのころです。

そんな時代に、温泉地で玄宗皇帝は絶世の美女、楊貴妃に出会ったわけです。「後宮3000人の女性に向けられるべき愛情を一身に受けた」などと白楽天の『長恨歌』に歌われる美女ですが、皇帝は公務そっちのけでこの女性との日々に埋もれました。

ただ、経緯を考えると、この皇帝の場合は、すでに公務をしなくても問題なかったのかもしれません。問題は楊貴妃の兄の楊国忠《こくちゅう》を重職に採用したこと。彼は出世のためにライバルをどんどん告発して追い出していきます。皇帝も楊貴妃の兄ということで言いなり。

これに危機を感じて反乱を起こしたのが、「節度使《せつどし》」という立場で中国の北部を任されていた安禄山《あんろくざん》という人物です（安史《あんし》の乱・755〜763）。

安禄山はソグド人と突厥人のハーフだったといいますが、すでにそんな外国人が活躍するようになっていたのが国際国家・唐です。しかもずっと遊牧騎馬民族を相手にしていただけあって強く、一気に彼は長安を占領し、洛陽まで軍を進めます。皇帝は四川に逃げることになりました。

その逃走の過程で、乱の原因をつくった楊国忠のみならず、楊貴妃も殺されてしまったわけです。ただ誰が悪いかといえば、しっかりしなかった皇帝・玄宗でしょう。乱はモンゴル高原に定着したウィグル人の力を借りることによって鎮圧されますが、その後、玄宗も長安で軟禁され、強制的に王位を譲ることになったわけです。

11 三蔵法師と詩人たちの時代
……杜甫と李白がうたったもの

◉玄奘《げんじょう》三蔵の冒険は、なぜ成功したのか？

唐の時代は、シルクロードを行き交う東西の人の動きが活発な時代でした。この交通路を利用して、インドまで行って仏教を学んだのが三蔵法師こと玄奘です。

玄奘が生まれたのは、隋の末。社会不安に怯《おび》える民衆を救おうと、仏教を学ぶことを決心しました。やがて唐が建国すると長安で仏教を学び、仲間の僧と「インドへ行って仏典を持ってきたい」と王宮に願い出ます。

ときの皇帝は名君の李世民（太宗）で、「まだ安全が保証できないから」と却下されたのですが、彼は「1人でも行く」と旅支度をして出発してしまったわけです。

彼の冒険をもとにして『西遊記』が書かれるのは16世紀のこと。実際は孫悟空《そんごくう》もいない一人旅で、途中では盗賊にも出会います。しかし彼は抵抗せず、奪われるままに荷物を渡すようなやり方で、3年にわたる長い旅路を乗り越えるのです。遊牧民である突厥人や、商人であるソグド人が彼を助けました。

すでに李世民の項で見たように、彼の統治力は辺境の民からも「天可汗」と称されるほど評価されていたのです。だから西へ向かう唐の旅人には皆が好意的で、仏教に対する理解もありました。そして玄奘はインドに入り、修行の上『大般若経《だいはんにゃきょう》』を持ち帰ります。

皇帝・李世民は玄奘に感心し、不正出国を咎めないばかりか、側近に迎えようとしたのですが、彼は翻訳を優先したいと辞退。皇帝もこれを認め、代わりに「冒険の様子を知りたいから旅行記を書いてくれ」という約束だけしました。

これが『大唐西域記《だいとうさいいきき》』という書物になったのですが、この辺りはさすが名君。後に唐で仏教を学んだ最澄や空海の仕事も、この2人がつくった下地があったからこそでしょう。

シルクロードを通して、このようにインドから仏教が、ペルシャやシリアからも優れた文化がやってきたのですが、もちろん中国から西に広がった文化もありました。その中でも西側世界の歴史を大きく変えたのが、「製紙法」の伝搬です。

玄宗皇帝の時代だった751年、中央アジアの地を任されていた節度使・高仙芝《こうせんし》の軍は、アフガニスタンを越えて進行してきた新興勢力の軍隊と衝突します（タラス河畔の戦い）。アフリカから西アジアまでその勢力をぐんぐん広げつつあった、イスラム帝国、アッバース朝の軍勢でした。

彼らに唐の軍勢は蹂躙され、5万人が戦死し、2万人が捕虜になったといいますが、その捕虜の中に製紙技術を持った人間がいたのです。紙の技術が伝わることによって、後にイスラムの文化は活性化。これが西方に伝わり、印刷術と組み合わさって、やがてルネッサンスの思想や、宗教改革をうながしていくわけです。

◉時代の波にもまれた「詩仙《しせん》」と「詩聖」

いくら紙のような媒体が伝わっても、「書き手」に対応する「読み手」がいなければ文学は成立しません。

製紙法が伝わる前でも、ギリシャやローマを見れば、葦《あし》を織ってつくったパピルスや羊皮紙を利用し、現代にまで伝わる文学が成立しています。それが中世ヨーロッパになると、正式な書き文字は古語になっているラテン語。書くのも聖職者ばかりだから、なかなか民間の文学が芽生えることにはならなかったのです。

一方で日本はといえば、平安の宮廷内では、すでに仮名を利用し「読む」「書く」のニーズが生まれていいます。では、その前の中国はといえば、紙はすでに後漢の時代に誕生し、述べたように「科挙制」によって一応は国民が「読み・書き」で成功できる道が開かれました。一方では詩や文章を詠《よ》んでもらって、官吏に採用してもらう制度も生まれています。

だから多くの人間が書くことに挑戦し、玄宗の時代には李白《りはく》と杜甫《とほ》という、2人の中国を代表する詩人が生まれたのです。2人とも生存中に大きな名を残すことはなかったのですが、「読み・書き」を重んじた中国文化が、後の時代に2人を発掘することになります。

先輩だった李白は、官吏になりそこねた落ちこぼれです。しかし前述した玄宗の豪華主義の中で、一応は才能を認められ宮廷詩人になります。

しかし真直《まっす》ぐな性格だったのでしょう。すぐ宮廷の堕落した文化を嫌い、これを批判した詩ばかりをつくったそうです。彼は追い出され、放浪の身になりました。

後に「安史の乱」の鎮圧にも将として参加するのですが敗退。責任をとってまた流刑《るけい》。孤独に人生を終えますが、寂寥感《せきりょうかん》を詩い続けたことで「詩仙」と呼ばれるようになります。

この李白に出会ったとき、「その勝手し放題は、一体誰のための虚勢なのですか？」と詩にしたのが杜甫。李白より11歳下です。

彼もまた何度も科挙に落ち続けた劣等生、やっと士官できたのは40代になってでした。

しかし唐末の混乱の中、左遷され、クビになり、放浪して……と、彼もまた苦難の人生を歩みます。しかしその中で民衆の哀しみを詩にしたため続けたことで、杜甫は「詩聖」と後に呼ばれるようになったのです。

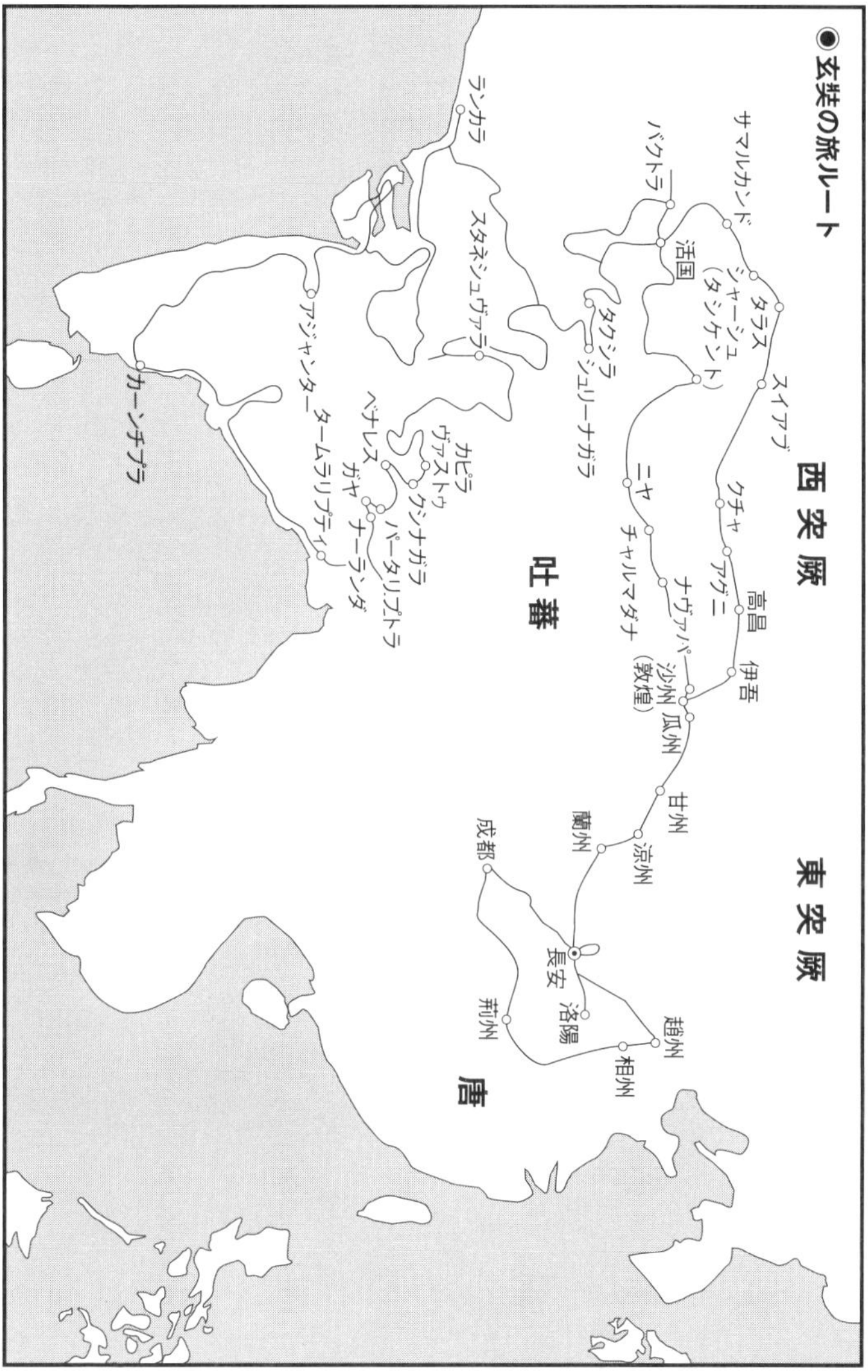

(参考：布目潮渢　栗原益男『隋唐帝国』講談社学術文庫)

12 日本に深く影響する「宋」の文化

……平和な「南の中国」で起こったこと

◉周辺強国に蹂躙される中国大陸

唐を滅ぼしたのは、874年の「黄巣《こうそう》の乱」という民衆反乱でした。首謀した塩商人だった、王仙芝《せんし》と黄巣です。

「安史の乱」の後、唐の財政は破綻《はたん》。それが国民への増税となっていったのですが、塩の専売制もここには含まれました。塩の値段が高騰すれば、民にとっては死活問題。そこで彼らは塩の密売を行なっていたわけです。不満を持つ者が彼らの下に集まるのも、唐王朝といずれ争うことになるのも必然だったでしょう。

黄巣は長安を占領しますが、あとは無策だった彼に失望した部下の朱全忠に滅ぼされます。この朱全忠が、逃亡していた唐の王室から禅譲《ぜんじょう》される形で「後梁《こうりょう》」という国を建国。ただ彼もすぐ殺害され、やがて4つの王朝が交代し、他の地域はいくつもの国に分裂する時代となります。これが「五代十国時代」です（907〜960）。

こんな中国の混乱に乗じたのが周辺民族で、華北の一部からモンゴルや中央アジアにいたる広い領域を支配したのが「契丹（キタイ）」という部族。唐の滅亡と同時に、耶律阿保機《やりつあぼき》という王は「遼」と中国で呼ばれた国を建国します。

「契丹」は完全に中央アジアの地から遊牧民として中国の領域を支配したので、「最初の征服王朝」とも言われます。ちなみに中国を「キャセイ」と呼ぶのは、この国が発端です。

さらにチベット系の民族も台頭し、すでに唐の時代から、中国人が「吐蕃《とばん》」と呼んだチベット人たちの大国ができています。それに加え10世紀には雲南省にもチベット系の「大理」という国、また中国西北部には、チベット系タングート族による「西夏《せいか》」という国も誕生します。

やがて12世紀には、朝鮮半島に接する東北部から「女真族」と呼ばれる民族が進出します。彼らが建国した国が「金」で、やがては「遼」をも滅ぼしてしまいます（1125）。

これら民族に周辺を蹂躙されながら、残った部分の中国を統一して出来上がったのが「宋」という王朝。しかしこの異民族国家が乱立する状態を見れば、〝強い中国王朝〟などありえるわけがありません。

にもかかわらず「宋」の時代は、後の中国文化に大きな影響を残すことになりました。

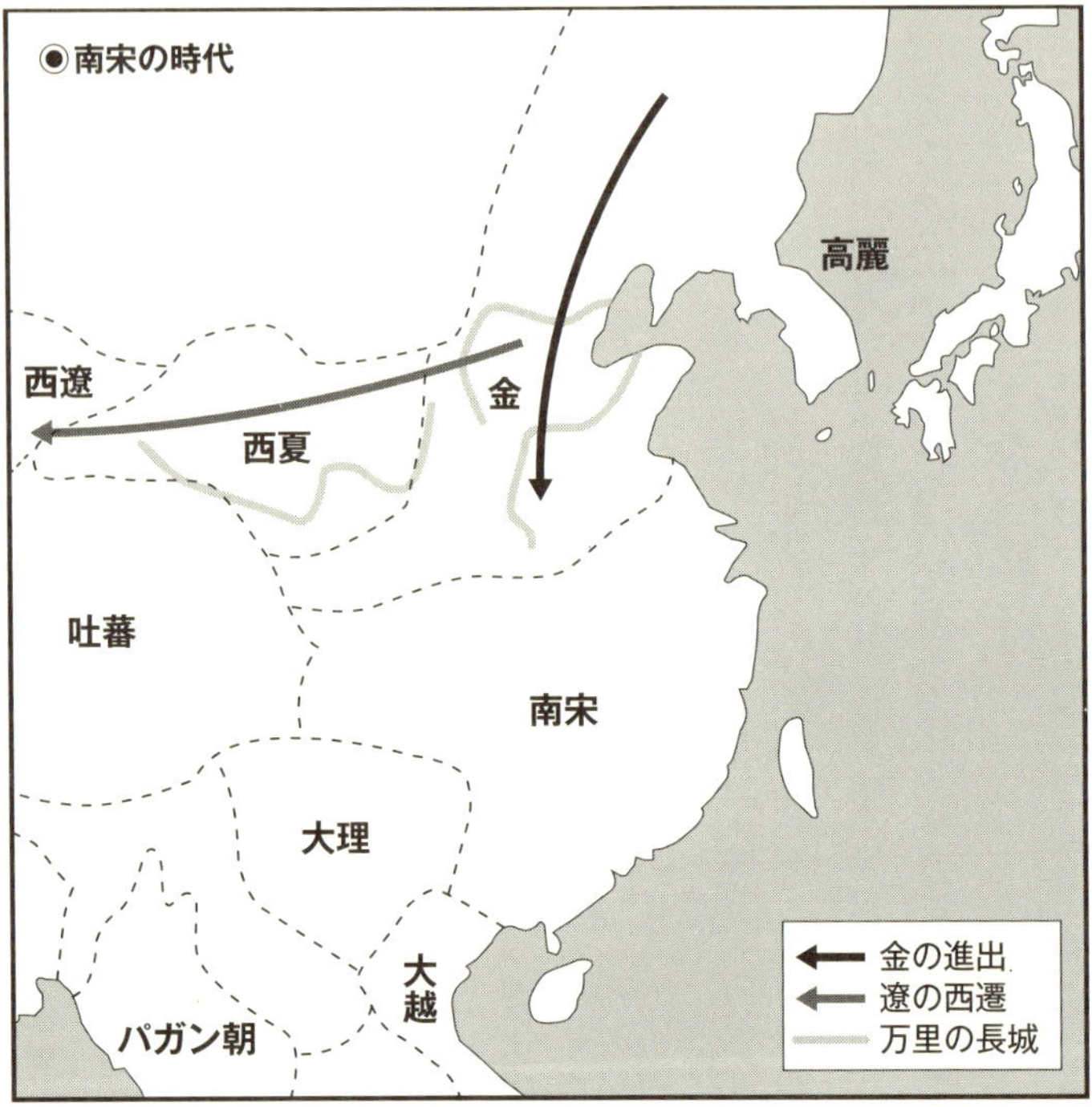

（参考：岡田英弘『中国文明の歴史』講談社現代新書）

◉「弱くても偉大な文化」と「中華主義」の誕生

「宋」は、五代末の「後周」国の将軍だった趙匡胤《ちょうきょういん》が、先帝から譲位される形で建国。部下から擁立される形でした（960）。彼が急死した後、弟の趙匡義が中国を統一します。

しかし小さな国は制覇できても、異民族の強国には力が及びません。彼らは「遼」にも「西夏」にも、毎年絹や銀などを差し出すことで和睦《わぼく》をしました。

やがて「金」が台頭すると、この国と組んで「遼」を滅ぼします。しかし遼の残党と密かに結んだということで怒りを買い、都を占領されました（靖康《せいこう》の変）。王族は捕らえられ、皇女たちは売春宿に売られたといいますから、相当の屈辱です。

生き残った皇帝の弟は、中国の南半分だけで「高宗」として即位。「南宋」をつくります（1127）。

もはやかつての秦や漢や唐のように、積極的に対外に打つ中国ではありません。状況は近代にヨーロッパ列強の支配を受けた時代に近いのですが、ここで生まれたのが「武力で他国に敵わないぶん、我々は内面で勝とう」という発想です。

たとえば王安石《おうあんせき》、朱熹《しゅき》などの儒学者が、『論語』などの書物を細かく分析して、人が正しく生きるためのルールを模索していく。それがそのまま法律にも採用されるのですが、彼らの学問が「宋学」あるいは「朱子学」と呼ばれるものになります。

それに並行して「国で採用する官吏も、それに見合ったものでなくてはならない」ということで、科挙制はさらに枠が広がり、誰でも受けられる代わりにレベルはより高くなり、人格者を求める〝理想的採用〟が行なわれるようになりました。

結果、科挙の合格者が「士大夫《したいふ》」と呼ばれるエリート層になっていくのですが、その中で儒教のみならず、道教の思想やこのころ芽生えた仏教の禅の思想も流行し、「墨画」「白磁・青磁」「飲茶《やむちゃ》の習慣」など中国文化を象徴する文化が生まれました。明治時代に『茶の本』を著した岡倉天心も「『不死とは永遠に変化するもののなかに存在する』という道教の思考方式が、宋の時代の人々には染みわたっていた」と述べています。

平清盛が始めた「日宋貿易」によって、この宋の文化は日本に伝えられ、やがて武士文化の核心になっていきます。江戸の武士が教養としたのも、まさに「朱子学」でした。

一方で宋のエリート主義は、国を絶えず蹂躙する異民族に対し、「内面に優れた私たちこそ本当は勝者なのだ」という〝負け惜しみ〟と〝プライド〟の合わさった感情を育てていきます。

これがやがて、「中華思想」と言われる考え方になっていくわけです。

13 チンギス・ハーン～世界最大の帝国を築いた男

……遊牧民の武将が、なぜ無敵だったのか？

◉世界を塗り替えたリーダーの登場

中国の北半分と周辺を取り囲んでいた、さまざまな民族。これらをまたたく間に一掃し、アジア史のみならず、世界の歴史をシャッフルしてしまったのがモンゴル帝国です。東は中国や朝鮮半島から、西は東ヨーロッパまで、歴史上最も広い範囲を征服した国。そのリーダーこそ、チンギス・ハーンでした。

「上天からの定命によって、この世に生まれでた蒼《あお》い狼があった。その妻は白い牝鹿であった。大海を渡ってきた」

有名な『モンゴル秘史』で語られるモンゴル人の起源ですが、モンゴル語の「蒼い」はじつは「まだら」の意味で、そもそも〝狼の血を引く民〟という伝承は、他の民族からパクったものとも言われます。

現在、「モンゴル平原」と言われる中国の北部から中央アジアに至る地域には、これまで見てきたアジア史でも、たくさんの遊牧騎馬民族が勢力を伸ばしてきました。匈奴、鮮卑、突厥、契丹などなど。その中でモンゴル族というのは、決して強い勢力をもった民族ではありませんでした。

実際、「遊牧騎馬民族の子」として生まれると、その人生は非常に過酷だったようです。部族同士の絶え間ない抗争、略奪や誘拐はしょっちゅうですし、虐殺だって受けます。チンギス・ハーンは代々、部族の王を担ってきた一族の生まれでしたが、それでも一時は妻を攫われたくらい。

親戚筋にあたる部族でも裏切りはしょっちゅうで、強くないと生き残れません。そんな環境で、子どものころは泣き虫だったという、チンギス・ハーンは育ったわけです。しかし過酷な環境が彼を強くしました。

12～13世紀の時代、この地では華北にまで進出してきた「遼（契丹）」と、東北部からやってきた「金（女真族）」の争いが起こります。遼は滅びますが、それでも北モンゴルは、遼の残党や他の騎馬民族が割拠する混乱状態になります。

そこで金はこの地にあった「ケレイト」という国のオン・ハーンと同盟し、混乱の鎮圧をはかります。「ハーン」というのは、モンゴルの遊牧民でいうところの〝王〟。このケレイトという国は、西方から来たキリスト教に改宗した国だったようです。

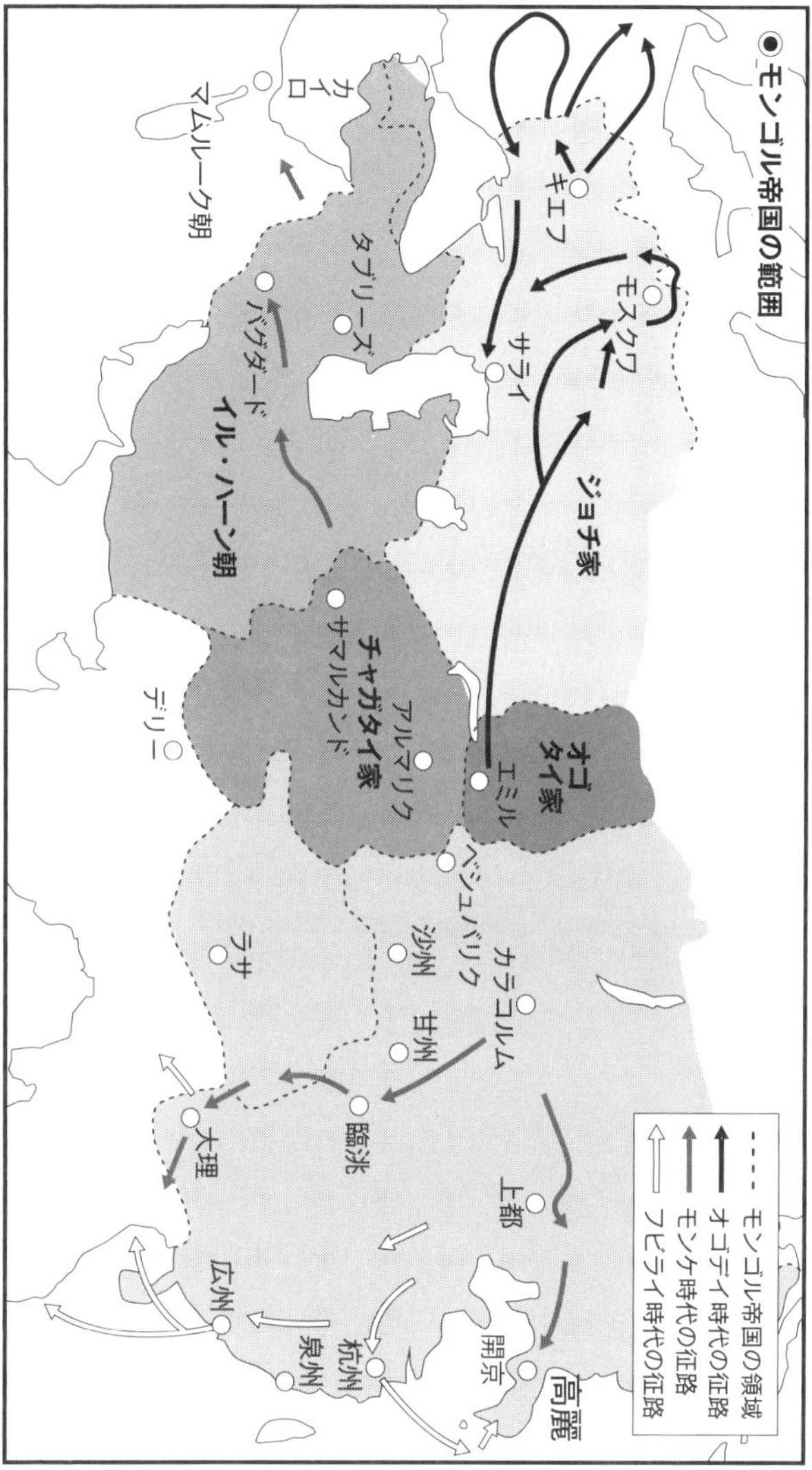

（参考：岡田英弘『中国文明の歴史』講談社現代新書）

そのオン・ハーンの下で次々と他の騎馬民族を破り、従属させてきたのがチンギス・ハーンでした。当時の名はテムジン。やがてケレイトは彼を恐れ、裏切るのですが、その戦いに勝ったテムジンが、この地のナンバーワンになりました。

◉なぜチンギス・ハーンは強かったのか？

ナンバーワンになったとはいえ、「強いだけでは王になれない」のがモンゴル族の習慣。彼らは全部族が集まる「クリルタイ」という大会議で、選挙によって王を決めるのがならわしでした。

それでも1206年、彼は神のお告げによって「ハーン」に選ばれ、「チンギス（勇敢《ゆうかん》な）」という称号を受けます。

そこからは破竹《はちく》の勢いです。

1215年に北京を包囲し、金を征服。

1218年に、中央アジアに残った遼の残党、西遼を征服。

1220年に、イランのイスラム国家、ホラズム朝を征服。

やがて彼らの軍勢は、南はインドへ、西はロシアを超えてトルコやヨーロッパへ、東は中国へとどんどん侵攻していきます。

なぜ、こんなにチンギス・ハーンの軍勢は強かったのか？

ありとあらゆる民族にとって脅威になったモンゴル人ですから、いたるところで彼らの残虐非道の伝説は残っています。実際、抵抗する町は徹底的に破壊し、民間人もほぼ殲滅《せんめつ》させるのがチンギス・ハーンのやり方。そこは容赦がありません。

ただ、従属するものは厚く迎える寛容さも持っていて、非常に公平なリーダーであったことが知られています。しかも70歳で死去したときも〝大テントの中〟だったように、征服でどれだけの富を得ても、彼は遊牧民の生活を貫いていました。決して世界中の多くの覇者がやった、「宮殿での贅沢」は味わっていません。

さらにチンギスは親族であっても、不正を働いた者を許しませんでした。一方で異民族であっても、忠誠を誓うなら重く用います。彼らの遠征には同じく勇猛な騎馬民族であったトルコ人も多く含まれていたので、まさに「同じ騎馬民族から尊敬されるリーダー」だったわけです。

そして彼らは仲間になった民族を活用し、広範な領域で情報収集し、地形をよく知って、騎馬隊によるスピード攻撃を繰り返します。文明国の軍が敵わないのも当然だったのでしょう。

14 「元」と世界をつなげたモンゴル人の力

……ヨーロッパから日本まで、彼らが狙ったもの

◉モンゴルの影響と「元」の成立

チンギス・ハーンの死後、遺言で彼の三男であったオゴタイ・ハーンがモンゴル族の王となりますが、以後、子の代、孫の代とモンゴル帝国は分裂し、世界各国への影響を及ぼしていきます。

中央アジアから西アジアまでの広大な領域は、チンギスの次男によるチャガタイの国となり、やがてモンゴルの武将だった「チムール」の帝国ができます。これを破って東欧やエジプトにまで進出したのは、モンゴル族にこれまで付き従っていたトルコ人によるオスマン・トルコ帝国でした。

現在に続く「インド」という国は、チャガタイの家系に連なるバーブルがインドに侵入して起こした「ムガール帝国」の流れをくむ国。「ロシア」という国は、チンギスの孫のバトゥの国に従属した「ルス族」が後に建国した国。16世紀にモンゴルを支配したアルタ

ン・ハーンが帰依《きえ》した仏教の僧侶に贈った称号が「ダライ・ラマ」で、これが現在のチベットにまで続いています。

このようにモンゴル人の征服は、現代の国々の基礎をもつくっていくのですが、彼らが中国に進出して建てた王朝が「元」でした。

「元」を建国したのは、チンギス・ハーンの孫に当たるフビライです。彼は全モンゴルのハーンに選ばれたあと、弟との争いに勝利し、同時に「金」が滅んだ後の中国北側の王「世祖」となりました。「元（大元）」という中国式の国号が定まったのは、1271年のことです。

中国の国号を採用したフビライでしたが、他の王朝のように彼らは中国化したわけではありません。新たに建設した大都（北京）の宮殿も、使うのは冬の間だけ。基本、彼らはモンゴルに拠点を置き、移動しながら統治をします。

また科挙なども一部には生かしますが、基本は自ら信頼できる者を官吏に選び、中国を統治する形です。つまり「元」はモンゴル人が中国に侵入して王朝を建てたのでなく、中国の広大な領域が、モンゴル帝国の中に併合された形だったのです。

そしてフビライが次に目を付けたのは、中国の南半分を治めていた「宋」の国でした。

◉フビライが目をつけた「日本」

「宋」というのは先に見たとおり、エリート意識が高く、軍事大国よりは知識大国を目指したような国です。しかし強力な異民族の脅威にさらされる中、この国で防衛のために発達した技術がありました。何かといえば「火薬」です。

中国では唐時代からその研究に着手していたようですが、宋は遊牧騎馬民族との戦いに備え、強固な要塞を築き、馬の高速性も生かせないようにしました。

そこでモンゴルが考えたのは、「こちらはもっとたくさんの火薬を持つ」ということ。すでに発想は現代戦争と変わらなくなっていますが、協力したのは華北にいた漢人技術者たちでした。南の漢人の国がモンゴル人に滅ぼされるのも、彼らには関係なかったのです。

モンゴルはやがて「爆弾」や「大砲」といった兵器を活用し、この技術はやがて西洋に伝わり、銃による戦争の時代を生み出していきます。しかしその前に、彼らには硫黄などの火薬原料を入手する必要がありました。その入手先として目をつけたのが日本だったようです（服部英雄著『蒙古襲来』山川出版社）。

フビライは1259年に、朝鮮半島にあった「高麗」を征服。この高麗の兵を主体にした軍を、海を越えた日本に送ります。これが一回目の元寇《げんこう》、「文永の役《えき》」（1274）です。

知ってのとおり、当時、執権《しっけん》・北条時宗《ほうじょうときむね》を頂点とする鎌倉の武士たちは、この元軍を撃退します。神風、すなわち台風が吹いたというよりも、鎌倉武士たちが強かったようです。海を渡ったモンゴル騎馬兵は4000人くらいだったといいますし、上陸戦では騎馬の力もほとんど生かせませんでした。

しかし、1回目の元寇が終わったあと、1276年にフビライは南宋の首都、臨安《りんあん》（現在の杭州）を占領。中国が300年ぶりに1つになったというより、むしろ歴史的には「モンゴルに併合されて中国が消えた」ということかもしれません。

じつは失敗した元寇ですが、その傍らで「元」と鎌倉時代の商人との交易は活発化したようです。フビライはこの点、抜け目なかったのですが、モンゴル側からすれば元寇の目的は達成していました。この頃に元を訪れた商人のマルコ・ポーロは、後に「黄金の国・ジパング」として日本を西洋に伝えます。

けれどもモンゴル人は2回目の元寇を試み、これは台風や日本が築いた防護塁の効果で失敗（弘安《こうあん》の役、1281）。その後、台湾や東南アジアなどへの遠征にも失敗します。

そしてカリスマのフビライが死去すると、再び後継争いが起こり、中国における影響力は衰退。1368年、モンゴル人は「明」に追い出される形で北方に引き上げるのです。

15 中国の秀吉と、中国の信長

……「明」の建国と漢民族の復活

◉世界で最も悲惨な境遇から国を興した男

騎馬戦術に火薬に対外征服思考に……と、世界にさまざまな負の影響ももたらしたモンゴルの嵐ですが、じつは意図せずしてもう1つ、世界に〝脅威〟をふりまいています。それは「ペスト」でした。じつはもともとペストというのは中央アジアの風土病で、モンゴル人の移動とともに拡散。とくにネズミの多い都市部では〝パンデミック（広範囲感染）〟となり、その後、中世ヨーロッパで人口の3割を死亡させる大流行になります。

中国もその例外でなく、歴史学者のウィリアム・H・マクニールは、14世紀に人口の半分を減らすペストの流行があったと推測しています（『疫病と世界史』中公文庫）。

当然、大きな社会不安が起こり、そんなとき反乱を煽動《せんどう》するのは、たいてい中国では宗教結社。このときも弥勒菩薩《みろくぼさつ》を信仰する白蓮教徒《びゃくれん》が「紅巾《こうきん》の乱」という反乱を起こします（1351）。これに乗じて各地でも多くの人間が反乱に乗じるのですが、その1人が貧しい農民として生まれた朱元璋《しゅげんしょう》（洪武帝《こうぶてい》）という人物でした。混乱に乗じて南京を占領し、「明」を建国します（1368）。

農民からの立身出世といえば、日本では秀吉ですが、朱元璋は家族が餓死するほどの境遇で「世界で最も悲惨な境遇から王になった人物」ともいわれます。そんな逆境からの大成と、彼が蜂起《ほうき》する際に「不殺」を掲げたこともあって、儒学をよく学んでいる南宋のエリートも彼に味方しました。

ただ彼はライバルを倒して中国を統一すると、信用の置けない者をことごとく残虐なやり方で処刑。この点も秀吉に似ていますが、その数は数万人に及んだといいます。

朱元璋は「元」と同様、能力あるものはモンゴル人だろうが漢人だろうが、差別なく用いる方針を取り決めます。しかし実際は身内しか信じられず、26人いたという皇子のうち24人を王として、地方の支配を任せる体制をつくりました。その26人は、いずれも正妻の子どもではありません。

これがどんな結果をもたらすかは想像どおりで、すぐに次代では後継をめぐる争いが勃発することになります。

◉残酷さに抜きん出る世界帝王

朱元璋が二代目皇帝に定めたのは、皇太子の息子だった建文帝です。たくさんの皇子のうち、皇太子、次男、三男は世を去っていましたが、四男は中国北部を任され、モンゴルの残党相手に大活躍していました。これが燕王で、後に「永楽帝《えいらくてい》」となる人物です。

では燕王が叛旗《はんき》をひるがえしたのかといえばそうでなく、むしろ混乱のきっかけをつくったのは建文帝でした。この燕王に王権を簒奪されるのを恐れ、軍の規模を縮小させるどころか、彼を罠にかけて排斥しようとしたわけです。それを避けるため、燕王は狂人になった芝居までしていたといいます。

結局、生き残るためには、皇帝と戦うしかない。彼はたった８００人で挙兵したのですが「君主の難を靖《やす》んず」と、「皇帝がおかしている間違いを正すための戦い」を宣言します。だからこの反乱は「靖難《せいなん》の変」と呼ばれます（１３９９）。

８００の兵力対50万の兵力、圧倒的な不利に立ちながら、桶狭間《おけはざま》ばりの奇襲攻撃で、まず燕王は皇帝軍を破ってしまいます。以後の戦いは4年に及びますが、有利なのに勝てない皇帝軍は、だんだんと離反者を出すようになっていきます。その隙を狙って、燕王は南京を占領。このとき宮殿はすでに燃え上がっていましたが、建文帝の遺体は見つからなかったそうです。

そうして燕王は即位し、明朝3代目の永楽帝が誕生します。「先帝に忠義を尽くしたものは罰しない」といいながら、父親をはるかに超える残酷さで、1万人の官吏たちを処刑します。これは「壬午殉難《じんごじゅんなん》」と呼ばれ、八つ裂きに、皮はぎに、いわゆる凌遅刑《りょうちけい》にと、凄惨さは度を越すもの。宮女は売春宿に売られ、建文帝の宰相だった儒学者・方孝孺などは、口を切り裂かれたうえ、弟子を一人ひとり、目の前で惨殺されたそうです。

永楽帝の理想はチンギス・ハーンだったそうですが、どうもモンゴルの習慣をさらに極端化したかのように、残虐さが目立ちます。内政に関しては皇帝の相談機関として「内閣」を設置し民主的にやろうとしますが、一方では宦官による「東廠《とうしょう》」という秘密警察を設け、スパイ活動によって不満分子を粛正する恐怖政治を行ないました。

対外に関しても、チンギス・ハーンのような世界帝国を目指し、モンゴルやベトナムに兵を派遣して従属させるほか、周辺諸国を形のうえで従属させる「冊封体制」をつくります。貿易による利益を目当てに、天皇を差しおき「日本国王」を名乗って日明貿易を開始した当時の最高権力者・足利義満の日本もこれに加わりました。永楽帝の野望の大きさと手段を選ばぬ非情さは、日本なら織田信長といったところでしょうか。

16 海を制したのは、日本か中国か？

……東の海を支配した倭寇と「鄭和の大遠征」

◉ヨーロッパに先駆けた鄭和《ていわ》の大航海

野望の固まりだった永楽帝の時代には、ヨーロッパの大航海時代に先がけた、前代未聞の大航海も行なわれました。

「全長150メートルを越す」ともいわれる「宝船」を旗艦とした大船団を率いたのは、宦官だった鄭和。1405年に始まり7度に渡った彼の航海は、マラッカ海峡を越え、インドのその先、アフリカのケニアにまで達しています。証明されてはいませんが、研究者の中には、船団の1つが喜望峰を越え、アメリカ大陸に達したという人もいるくらいです。

これまでも見てきたように、中国は周囲を取り巻く地域を「夷《い》＝野蛮人の住む地域」と考え、防衛のために従属化することはあっても、自分たちの側から出ていくことに積極的ではありませんでした。漢の時代の班超や、玄奘のように海外で学ぼうとする僧侶は、むしろ珍しかったのです。

ところが今回は、皇帝が自ら命じての大冒険です。まさにチンギス・ハーンのような世界制覇に憧れた皇帝ならではの、野望への足がかりだったのかもしれません。

鄭和というのも、また永楽帝時代が生んだ特異な人物でした。というのも、彼は雲南で子どものときに捕虜になったイスラム教徒です。それが去勢されて、永楽帝に戦利品として贈られたといいますから、悲惨な境遇にはあったのでしょう。それでも皇帝の信頼を経て、宦官としての地位を獲得します。

当時、東南アジア、インド、西アジア、アラビア、アフリカは、イスラム教徒が進出していた地域です。イスラム商人を仲間にすることで、彼らが持っていた航海術や天文学の知識を活用できたことが、前代未聞《ぜんだいみもん》の大遠征を成功させたのでしょう。

この航海で「明」にはキリンやライオン、シマウマ、ダチョウといった野生動物がもたらされ、大喝采《かっさい》を得ます。しかし、以後の中国が海の覇者になることはなかったし、彼が開発した航海ルートを使った貿易すら活発化しませんでした。

なぜなら、永楽帝の亡きあと、以後の皇帝はほとんど海の向こうに興味を持たなかったから。むしろ「海禁」という、渡航禁止令まで出されてしまいます。

やはり彼らにとっては、東の海は野蛮な場所。その地を制覇していたのは、他ならぬ日本人でした。鎌倉や室町の武士たちではありません。「倭寇《わこう》」といわれる海賊たちです。

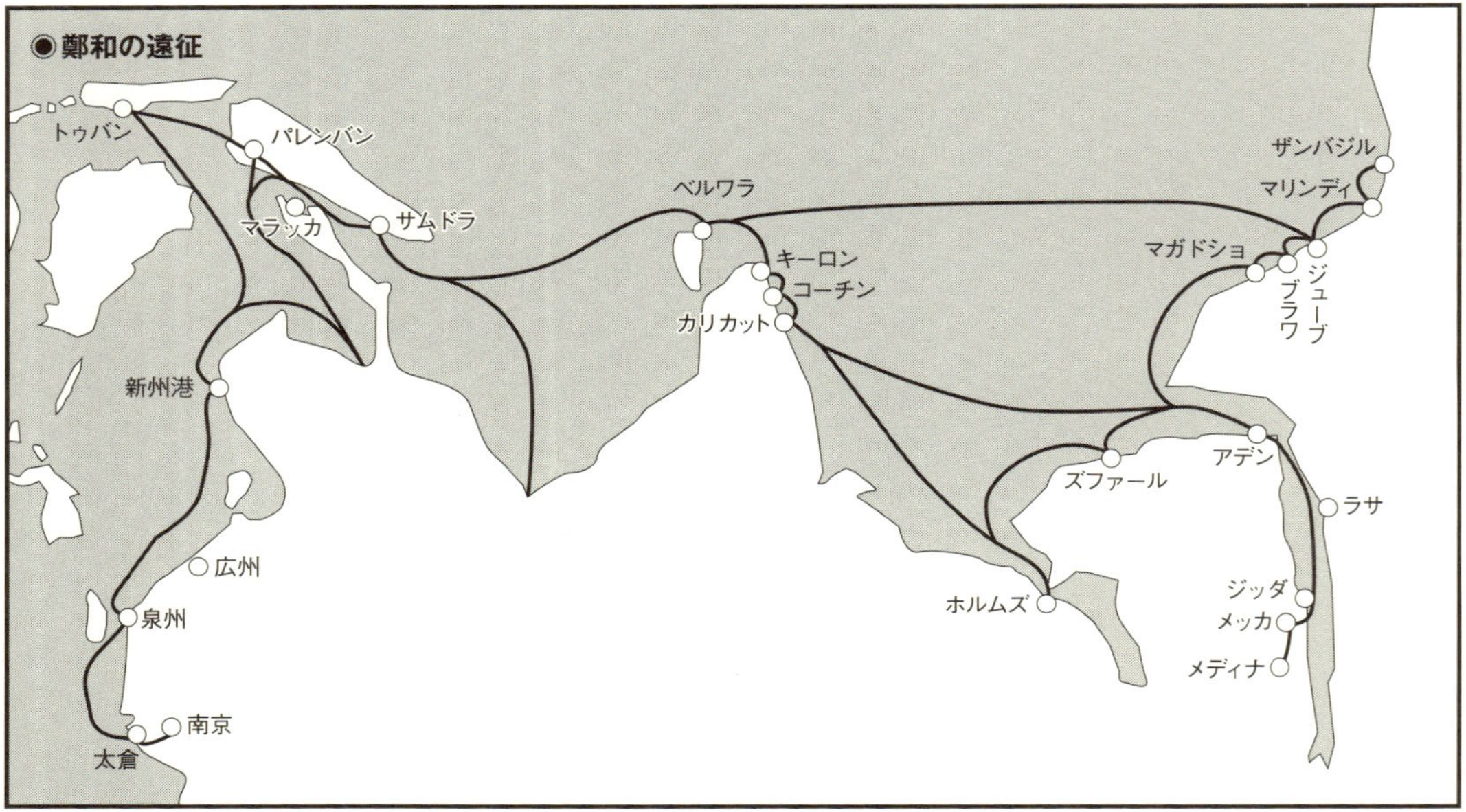

◉鄭和の遠征

（参考：桃木至朗『歴史世界としての東南アジア』山川出版社）

◉海賊たちのグローバリズム

倭冦というのは、よく知られているように、日本人のみならず、朝鮮半島や中国大陸の人間、あるいはポルトガル人やスペイン人も含まれていました。なにも日本人ばかりが海賊をしていたわけではありません。

ただ、四方を海に囲まれ、瀬戸内海のような内海を持っていた日本は、古くから海賊の文化を育んできてもいます。彼らは朝鮮半島から中国大陸、台湾、琉球、あるいは東南アジアにまで進出し、貿易をしたり、ときには略奪をしたりと、海を行き来していたのです。決して世界に対して閉鎖的だったわけではありません。

そもそも日本という国は、地方分権がほぼ一貫してきた国。だから戦国時代以後に強力な統制力がはたらくまでは、海賊を規制する者もいません。

海賊が拠点としたのは主に対馬や琉球ですが、九州の統治者たちには「利益をもたらす者」として彼らを放置する者も多かったのです。平清盛や源義経、あるいは毛利氏や織田信長などのように、海賊を自軍の兵力として活用した武将たちもいます。

むろん海賊ですから、悪事もはたらきます。略奪のみならず、村に火を放ったり、虐殺を行なったり、誘拐や人身売買もあったようです。もちろん同じことを中国人もイスラム人もヨーロッパ人もやってきましたから、単に「日本人が世界の例外ではなかった」ということなのでしょう。

困った朝鮮の王朝は、たびたび朝廷や幕府に抗議をしますが、室町以前では海賊をことごとく掃討《そうとう》するような力がありません。しかも宋から元の時代になると中国にも海のほうを考える余力がなくなりますから、海賊行為は増す一方になります。

これにブレーキをかけたのが、明の王朝であり、日本側では貿易を独占したい足利義満だったわけです。義満は日本国王を名乗って明との正式国交を開始したのですが、このとき「勘合」という証明書を持ったものしか取引できないようにしました。

倭寇もこれで収入源を著しく失いますから、日本人においては以後、衰退していくわけです。

しかし明の永楽帝が死去し、海禁が行なわれるようになると、今度は中国の商人が密貿易のために海賊化していきます。16世紀の王直という人物のように、日本の九州を拠点にしながら、戦国大名たちの保護を受け、密貿易や海賊行為を行なう者も出てきます。

今もそうですが、闇の世界には国境など関係ない。各国のワルが手を組んで、歴史を動かす力になっていたわけです。

17 最後の中国王朝を打ち立てた侵略者たち

……満州人の国、「清」の成立と、その繁栄

◉清の皇帝、北京への無血入城

凄惨な権力闘争によって始まった「明」ですが、この王朝は17代の崇禎帝まで、およそ300年続きます。

この間に中国では貨幣経済が発展し、豊かな庶民文化が生まれました。日本で現在、普通に使われる「明朝体」などはこの遺産でしょう。

しかし明の経済は、スペインやポルトガルが占領した中南米、あるいは日本から流入する銀に支えられており、その流通量の不足はたびたびインフレを引き起こします。豊かな商人がバブルで繁盛する一方で、地方の農村が疲弊し……と、その400年後の現代中国に見られるような問題が、すでに明の時代に起こっていたわけです。

そんな明にとって、対外戦争は困窮する庶民を活用する手段。だから北方には度々進出し、長城の建設などを行なったのですが、17世紀はじめに新たに勃興したのが、ヌルハチ

という王が統一した「女真族」です。

中国東北部に住んでいた女真族は、朝鮮半島の高句麗や、満州の渤海《ぼっかい》、華北に進出した金など、たびたび国家を建国してきました。しかしヌルハチは明を滅ぼすより、国として認められればよかったようです。ただ明はそれを認めませんでした。

やがてヌルハチのあとを子のホンタイジが継ぐと、彼はモンゴルに生き残っていた「元」を制覇し、「清」という国を名乗ります。そうして明と対峙することになるのですが、この明では李自成という兵士が反乱を起こし、首都となっていた北京を占領して、あっけなく滅ぼしてしまうのです（1644）。

唐突のことに困ったのは、「清」と交戦状態にあった明の将軍です。一体誰と戦うべきなのか？

呉三桂《ごさんけい》という将軍は、結局、清と同盟して、北京にいる反乱軍の李自成を討つことにしたのです。呉三桂はドルゴンという清の名将と協力して北京を解放し、王位にはまだホンタイジの子である6歳の皇帝を迎えることになります。これが「順治帝」で、中国に新しい王朝ができた瞬間でした。

それにしても、なぜこの王朝交代が素直に受け入れられたのか？　じつは李自成は、政権を奪ったあとで貧者救済や農民よりの政策を実施し、明の官僚や北京の商人たちにウケが悪かったようです。逃げた彼は、最後は農民になってその人生を閉じました。

◉女真族の中国支配と康熙帝《こうきてい》の登場

平和的に北京に入場した清の軍ですが、「八旗」と呼ばれる女真族やそれに帰属する部族の軍を場内に駐屯させ、反対派を粛正するばかりか、漢民族に弁髪を強制する制度をつくります。

もっとも弁髪の強制は〝差別〟でなく、清皇帝の民族融合政策の一環だったようで、基本的に中国で少数派だった彼らは、漢人やモンゴル人の優秀な人間を平等に採用していきます。ただ欧米人が「ブタの尻尾」と呼んだ髪型を屈辱的にとらえる漢人も多かったでしょう。そんなこともあり、中国南部では明の残党による抵抗が続きます。23歳で早死にした順治帝は、最後までその掃討に追われました。

清の中国統一に対し、最後の障害となったのが、それまでずっと協力者として清皇帝に従ってきた呉三桂です。清の将軍として雲南を制覇し、明皇帝の末裔も排除した彼でしたが、1673年に広州や福州の将軍と手を組んで蜂起します（三藩《さんぱん》の乱）。後に述べるように、この反乱に台湾の鄭氏も呼応しました。

これに対峙したのが、19歳で皇帝になった康熙帝です。

康熙帝は8歳で即位しますが、当時は幼少だったこともあり、補佐をしていたオボイという人物に実権を握られ、宮廷は混乱。これを14歳のときにだまし討ちにするクーデターで実権を取り返したという、策略と実行力の持ち主でした。

「帝は栄誉や名声にかけて貪欲であり、中国人が学識のある統治者を尊敬するのを知って、たいへんな努力で中国伝統の知識を吸収した」

これは後に彼に仕えたベルギー人のイエズス会宣教師、フェルディナンド・フェルビースト（中国名で南懐仁）の評価です。

そんな康熙帝は、「三藩の乱」をむしろ漢人に支持を得る策として利用します。つまり「満州族は戦に弱いから」と漢人の武将たちを引き立て、明を滅ぼした悪人として呉三桂を討つように仕向けたのです。やがて鎮圧に8年を要した「三藩の乱」は、呉三桂の死去と、その息子の自決で終結。そして康熙帝の手で、清はかつての中国王朝を越える大帝国になっていきます。

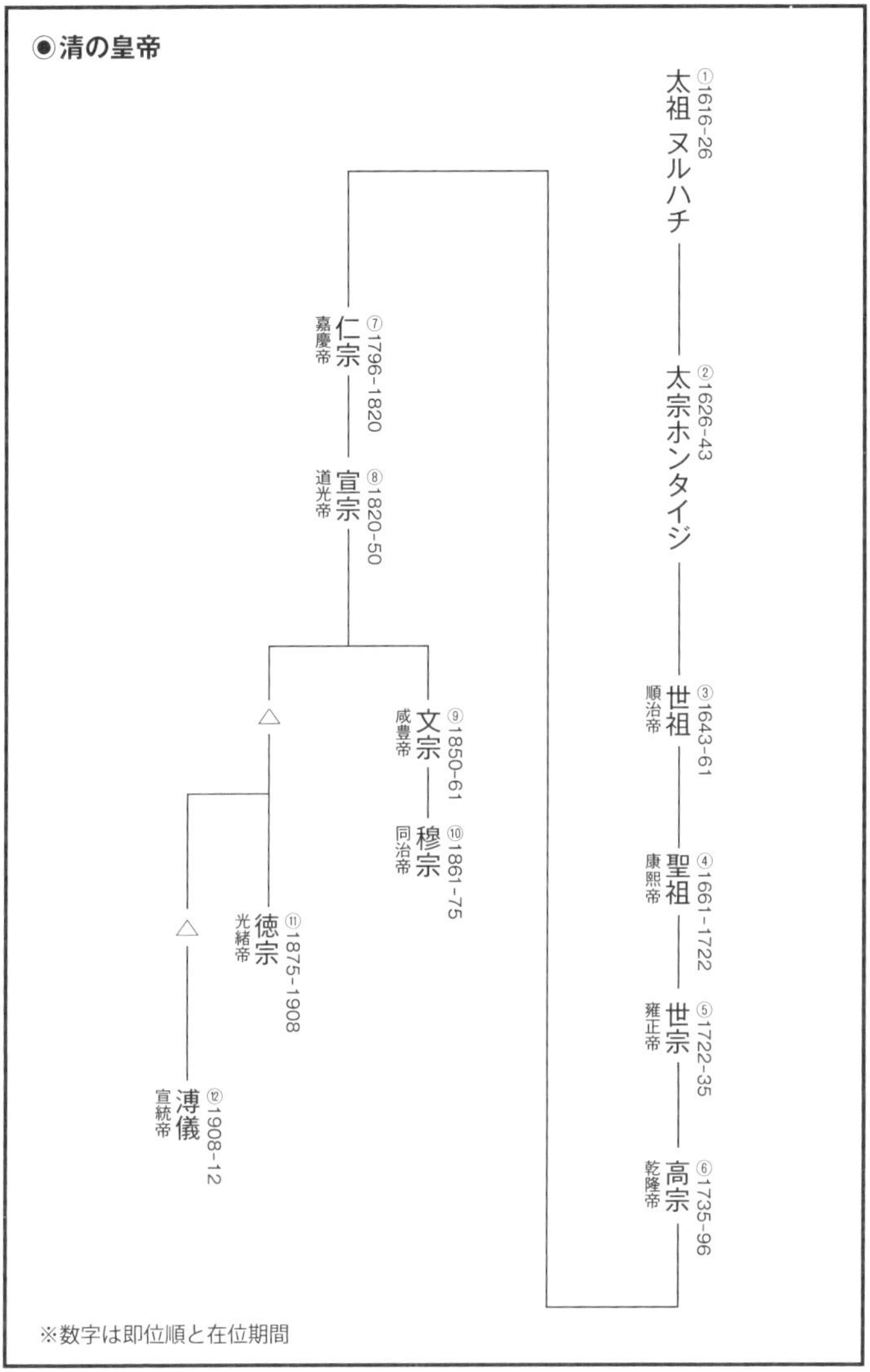

（参考：岡田英弘『中国文明の歴史』講談社現代新書）

18 台湾の英雄とチベットの聖者

……広がる清帝国と日本に関わる周辺地域の歴史

◉鄭成功《ていせいこう》が築いた「台湾」の国

1683年に康熙帝の清は、台湾を帰属させます。

これまでのアジア史にまったく登場してこなかった台湾です。しかし、じつは「三藩の乱」を陰で支えるとともに、一時は南京を支配するほどの力を持ちました。その台湾をつくりあげたのが、現在でも台湾の英雄として称賛される鄭成功という人物です。

鄭成功は、台湾人や漢人の英雄であったばかりではありません。江戸時代にも近松門左衛門が『国性爺合戦《こくせんやかっせん》』という彼をモデルにした人形浄瑠璃《じょうるり》をつくり、これが歌舞伎化されて大ヒットしました。

どうして彼が日本人に愛されたのかといえば、鄭成功が生まれたのは日本。しかも中国人と日本人のハーフという生い立ちだったのです。

鄭成功の父、鄭芝龍《ていしりゅう》は海賊の船長でした。つまり前述した「倭冦」の1人で、出身地は福建でしたが、長崎を拠点にして明の時代から密貿易を行ないます。このとき日本女性との間に成功が生まれました。

やがて明が滅んで清になると、中国南部では明の王家につらなる人物を担いで、抵抗運動が起こります。父の芝龍は清に服属するのですが、鄭成功は中心となって清に対抗。このとき拠点にしたのが台湾でした。

はじめて歴史の舞台に登場した台湾ですが、先住民族が住むこの島を、中国も反対側の日本も、ほとんど視野には入れてきませんでした。せいぜい倭冦たちの基地になっていたくらいなのですが、17世紀になって中国貿易への利便性から、この島に目をつけたのが欧米諸国です。オランダとスペインによる島の領有をめぐる戦争が起こり、最終的にはオランダが支配を獲得し、城塞を築きます。

鄭成功は2万5千の軍勢を率い、このオランダ人たちを追い出します（1661）。その後、彼が死んだあとも、2代にわたって23年間、この台湾の国は独立を守りました。海上貿易によって得られる、強力な財源を彼らは持っていたわけです。

清が占領したあとも、独立志向の強い台湾の商人たちはあまり国に従わず、たびたび反乱が繰り返されます。その傾向は、現在の中国と台湾の関係にまで続いているのでしょう。

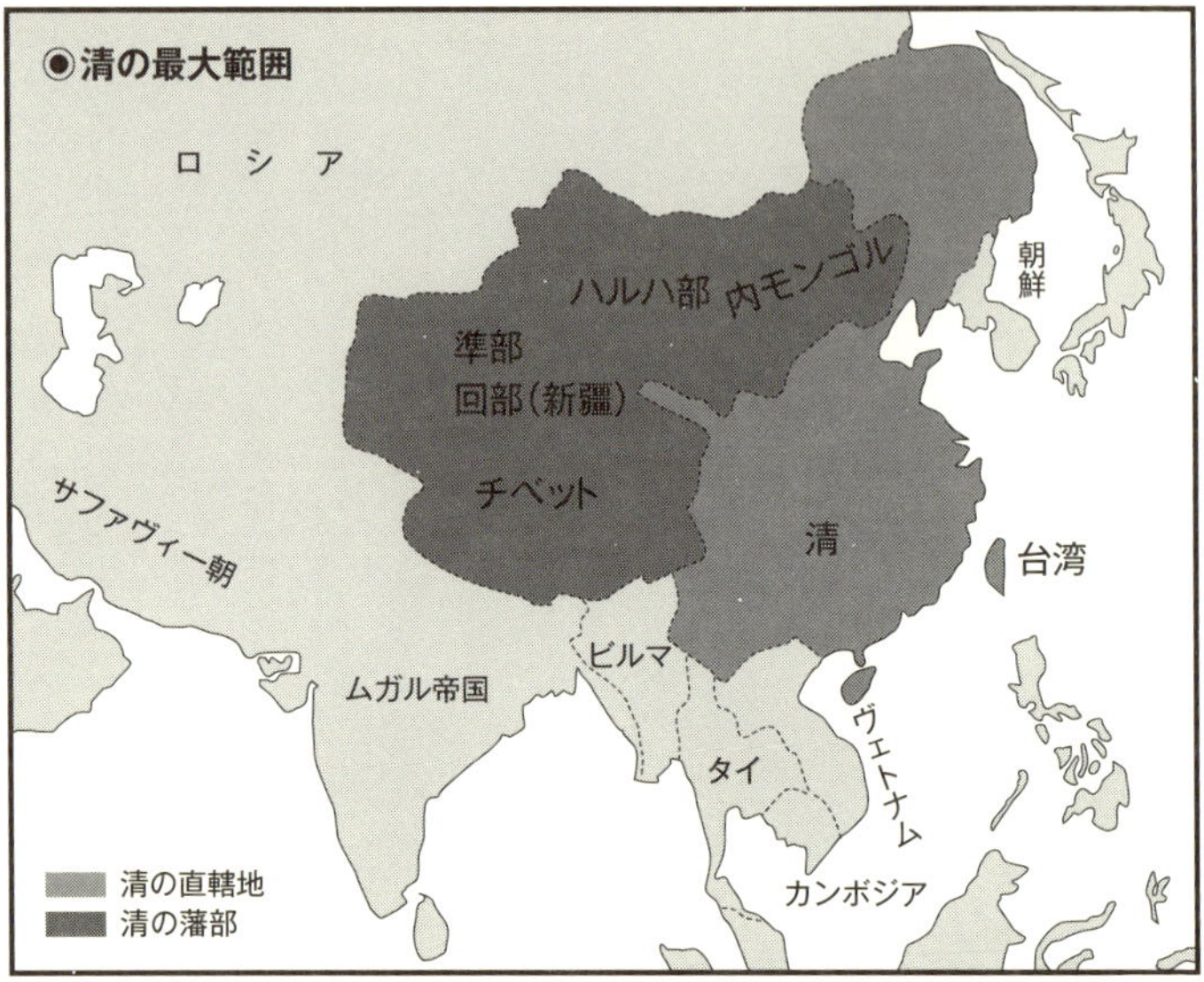

（参考：岡田英弘『中国文明の歴史』講談社現代新書）

◉チベットが清に吸収されるまで

中国南部と台湾を平定したあと、次に康熙帝が目を向けたのは、北と西です。

満州人の出身地である東北部では、シベリアから侵攻してきたロシアと清が衝突するようになっていました。このロシアと康熙帝は「ネルチンスク条約」（1689）を結び、国境を交渉で定めることになります。

すると次は西の中央アジアです。こちらはモンゴル人が衰退したあと、オイラート人のジュンガル部族が勢力をのばしていました。彼らが信仰するのは、かつてモンゴル帝国から認められることで宗教的な力を強めた、ダライ・ラマを頂点とするチベット仏教です。

やがて康熙帝はジュンガルとの戦争で、ジュンガル部族をモンゴルから追い出します。すると次に標的となるのはチベット。チベットを治めるダライ・ラマは、死ぬと同時に転生する。そして生まれ変わった子どもが探し出され、次のダライ・ラマに引き継がれる……。彼らはそう信じ、すでに第6世の代になっていました。

しかしこの第6世ダライ・ラマは仏教を嫌い、僧職を返上しようと考えたのです。チベット仏教を信奉するオイラート族は、これに不信を抱きます。そこで康熙帝はこの部族と協力し、第6世ダライ・ラマを捕らえ、別の人物に代えようとしたのです。

民が戦に巻き込まれるのを恐れたダライ・ラマは無抵抗で捕まったそうですが、まるで現代史を先取りしたような出来事でした。

チベットでは混乱が起こります。ここに乗じたのが先ほどのジュンガル族で、首都のラサを占領。結局、康熙帝は軍をチベットに差し向け、ジュンガル族を追い出すとともに、新しい第7世ダライ・ラマを強引に認めさせるのです（1720）。

その後もチベットでは1750年にジュンガル族が介入して、政争が起こります。このとき皇帝は康熙帝の孫の乾隆帝《けんりゅうてい》になっていましたが、彼はジュンガル族を破り、チベットを完全な支配下に置きます。同時にジュンガルも完全に滅ぼし、ウィグルなど周辺地域も平定して、ここを「新疆《しんきょう》」と定めます。現在にまで続く「チベット」や「新疆」の民族問題は、ここに始まったわけです。

いずれにしろ乾隆帝の時代に、清は台湾から中央アジアまでに広がる、世界で一、二を争う大帝国になりました。ヨーロッパからも宣教師や貿易商が頻繁《ひんぱん》に訪れるようになります。康熙帝、雍正帝《ようせいてい》、乾隆帝の3人に仕え、宣教師でありながら「円明園」の設計のほか、多くの宮廷画を残したイタリア人、カスティリオーネは有名です。

ただし西洋人の来訪は、すでにアジアに新しい時代が来たことを告げてもいました。この歴史の続きは4章で述べることにしましょう。

第3章

日本人が中国から学んだ思想

偉大なる教えを
私たちはどう生かす?

知っておきたいこと

ビジネスマンが学ぶべき中国の古典、その歴史背景は？

中国の近現代史に入る前に、王朝文化の黎明期《れいめいき》にまで、時を巻き戻してみましょう。

紀元前771年、理想国家とされた「周」の国が異民族の侵入によって滅びました。周は「東周」という国になって逃れますが、やがて「周」から国を認められた封建領主たちが国をつくり、それぞれ対立するようになります。これが「春秋時代」と呼ばれるものです。

やがて多くの国々の中から7つくらいの国が頭角を現し、中国の統一をめぐって争うようになる。これが「戦国時代」で、秦の始皇帝が全国を統一する紀元前221年まで続きます。

つまり550年という長い間、中国では戦乱の時代が続いたのです。この間に「生き残るための知恵」を必死に模索する人間が現われました。彼らが「諸子百家」と呼ばれる思想家たちです。

彼らの思想はさまざまで、たとえば国を治める者たちに向けて、強い国をつくるためのマネジメント論やリーダーシップ論を説いた者がいます。「儒家」を創始した孔子や、商鞅《しょうおう》や韓非子《かんぴし》の「法家」がその代表です。

また戦の方法論を説いた人間もいます。「兵法」を説いた孫子や、戦国最強の国になった秦に対して同盟するか（連衡策《れんこうさく》）、あるいは他の国だけで組んで対抗するか（合《がっ》従策《しょうさく》）の議論だけで全国を渡り歩いた張儀と蘇秦のような人物もいました。彼らは「縦横家《じゅうおうか》」と呼ばれます。

当然ながら、続く戦の中で、困窮《こんきゅう》している民たちもいます。彼らに役立つよう、世が平和になるための思想を説く者も現われました。「道教」のもとになった思想を提唱した老子などは、その代表でしょう。

彼らの中には、国に雇われて宰相になった人間もいれば、多くの弟子《でし》を抱えて学校長のようになっていった者もいます。その教えがだんだんと宗教化していった思想もあります。

いずれにしろ文字が初期から発達していた中国では、この思想が木簡《もっかん》などに残され、以後の歴史にも大きな影響を与えていきました。そして時代が変わるごとに解釈を見なおされ、武士道の日本から、現代の経営論にいたるまで、我が国にも大きな影響を与え続けているのです。

本章ではそんな思想の数々を、整理してみましょう。

19 孔子とは一体、何者だったのか？

……儒教の成立と『論語』の基礎知識

◉むしろ現代向け？　孔子の思想

中国の思想家でも、孔子ほど現代のビジネスパーソンに人気のある人はいないでしょう。

彼の言葉を集めた書物が『論語』ですが、明治期に日本のビジネスの土台を築いた渋沢栄一が、自ら『論語と算盤《そろばん》』という本を書いているのを初めとして、この本を困ったときのバイブルにしている経営者は現代も少なくありません。

なぜかといえば、孔子の教えがそれだけ、普遍的なリーダーシップ論であったり、人生論を説いているからでしょう。

彼の教えの根本にあるのは「仁」というものです。『論語』では「仁」について次のように説明しています（井ノ口哲也著『入門・中国思想史』勁草《けいそう》書房）。

「仁とは、自分が立場を得たいなら先にそうさせ、自分が目的を達成したいなら、先に他者をそうさせることである」

思いやりや、おもてなし。顧客満足や社員満足。ハーバードの先生が書いたビジネス論から、デール・カーネギーのような自己啓発書まで。「まず人さまを喜ばそう」とか「人の役に立つことを考えろ」と、皆さんも多くの場所で聞くと思います。

こんなビジネスや人間関係の核心的な原則に、孔子は紀元前6〜5世紀にして達していたわけです。

しかし現在の企業社会ならともかく、当時は小国が対立し、絶えず戦争で人が殺し合っていた時代です。そんな情勢に、「まず人のため」などという理屈がまかり通るのか？

結論からいうと「通るわけがない」なのです。だから孔子という人物は、現在でこそ神格化されていますが、春秋時代の当時は無視され、パッとしない生涯を送りました。

いったい孔子の人生とは、どんなものだったのか？

彼が生まれたのは、春秋時代の「魯」という国。周の王が信頼する家臣・周公旦に与えた由緒ある国ですが、その軍事力は弱く、周囲から圧迫される小国でした。父親はこの国の武将だったようです。

そもそも儒教の「儒」とは、儀礼や祭儀を指す言葉のようで、各国もこれを現代以上に重視していました。孔子はこうした儀礼の専門家として「魯」に仕えます。だから孔子が後に設定した「五経」という教科書にも「礼」や「易」が入りました。

◉春秋時代地図

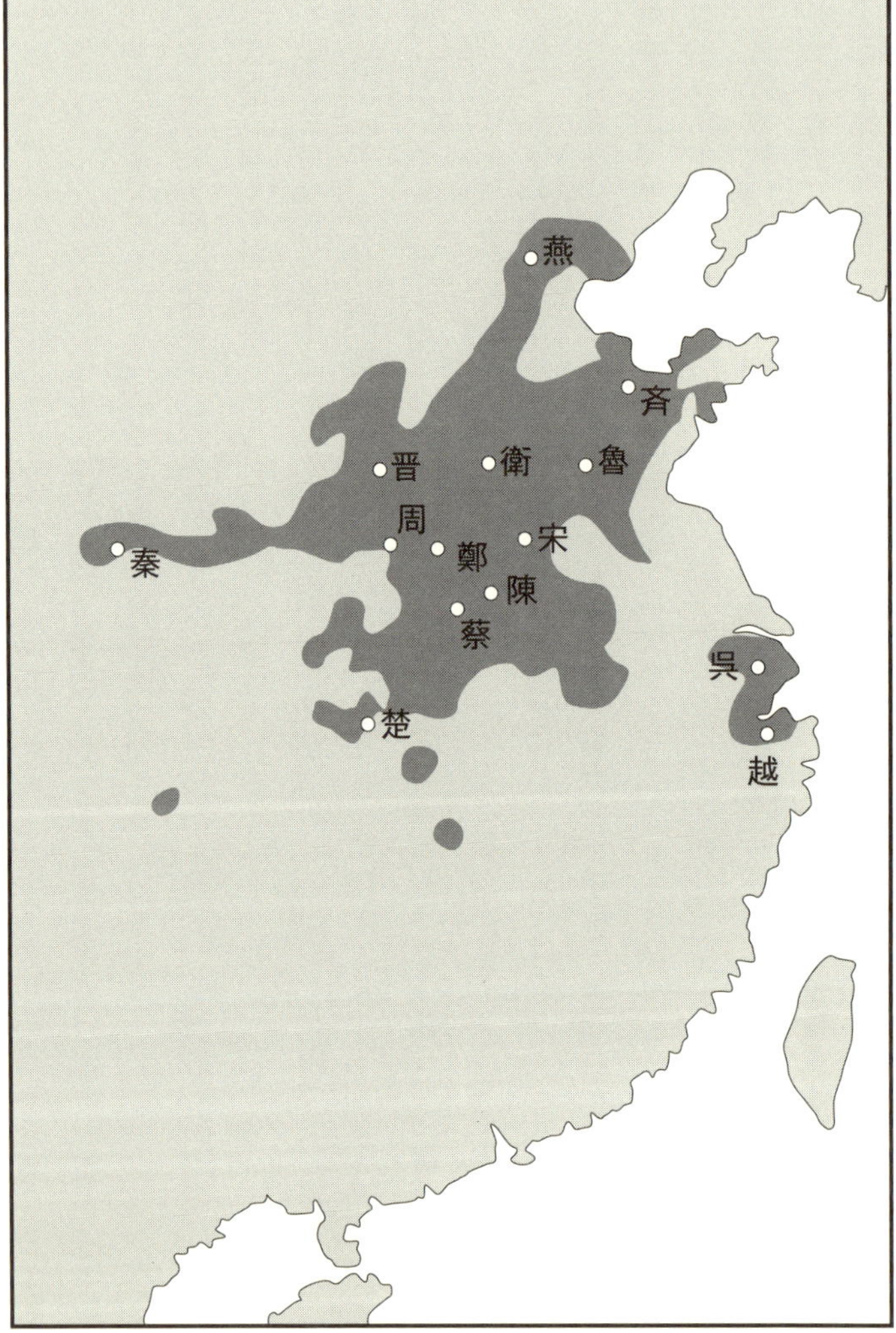

（参考：Wikipedia）

ただ、それでは「何か足りない」と思ったのでしょう。彼は大国の「斉《せい》」で学問を学ぶことにします。

彼の思想が大成するのは斉から戻り、魯の宰相に採用されてからでした。

◉神になった学者の紆余曲折の生涯

魯の宰相になり、彼が名声を得た出来事に「峡谷《きょうこく》の会」があります。これは斉と魯の同盟会議での出来事ですが、最初から自分たちを優位と考えていた斉は、その場に恐ろしげな蛮族の兵を入れ、魯を圧迫しようとします。

孔子は「礼儀を守れ!」とこれを恫喝して追い出し、かえって斉は立場が悪くなって、対等な同盟を結んでしまいました。

「非礼見るなかれ。非礼聞くなかれ」とは『論語』の言葉。

ここまでは名宰相ですが、やはり彼の理論は理想的すぎるところもあります。

それがすぐに問題になったのは、魯の将軍3人の城の城塞を崩すことを命じたときです。もしこの城塞に反逆した家臣が立てこもったら、魯にとっては大変な事態になる。だから将軍たちはこれを取り崩すことで「仁」の態度を見せろと強要したわけです。

ヒューマニズム論としては正しくても、つねに戦と隣り合わせにある武人たちにとっては、簡単にできることではありません。結局、彼の考え方は魯に認められず、クビになってしまうのです。

「道が行なわれるのも運命だし、道がすたれるのも運命だ」

このとき弟子の子路《しろ》に言った言葉だそうですが、自分の心情も告白していたのでしょう。

それから孔子は、14年にわたって諸国を渡り歩き、自分の思想を説く活動を続けます。

当時、彼は56歳。

「50にして天命を知る」という言葉どおり、自分の使命に照らし合わせた上での挑戦だったのでしょうが、各国が戦時下にある危険な時代です。追放されたり、襲撃されたりと、危険な目にも遭遇します。何より彼を悲しませたのは、自分よりずっと若い弟子たちが、不慮の死で次々と先に逝ってしまうことでした。

それでも彼は最後には魯に戻り、74歳でその人生を閉じます。

政治家として彼を採用する国はありませんでした。

しかし全国をめぐる旅の中で、彼は多くの弟子を獲得します。その弟子が弟子を育て、さらに弟子が大成し……と、やがて儒教は、中国国家を形づくる思想になっていくのです。

20 性善説と性悪説、「いい人」の中国と「厳しい人」の中国

……孟子と荀子が発展させた儒教

◉孟子が説く「易姓革命」の論理

儒教が後代で確立すると、「四書」というのが、その基本書になっていきます。『論語』『孟子』『大学』『中庸』。『大学』と『中庸』の2つは『礼記《らいき》』と呼ばれる書からの分冊ですが、孔子の『論語』と並んで、『孟子』が取り上げられています。それだけ孟子は、孔子の弟子の中でも別格の思想家として位置づけられているわけです。

ただし、その孟子も、同時代において高評価を得ていたわけではありません。

「仁を失った者は賊であり、義を失った者は残であり、仁義を失った者は君主である資格がない」

徹底したヒューマズニムに基づくリーダー論ですが、権謀うずまく戦国の世に、こんな理想君主論が受け入れられるわけがありません。

戦国時代の強国を訪れたとき、すでに高名になっていた孟子は、時の君主から「先生がはるばるやってきたくださったからには、さぞ我が国に役立つことを教えてくれるのでしょうね？」と歓迎されます。

それに対して、「そんなことを教えるつもりはありません。ただ、私は仁義について申し上げたいだけです」と答える孟子。

斉王は最後には感心したそうですが、孟子の理論が世の中に浸透するには、やはり時間がかかったようです。

ただし「仁義を失った王にはその資格がない」という理論は、「悪政を行なう王は排除してもいい」という「易姓革命」の思想となり、中国で王朝が次々と倒される際の理屈になっていきます。これは儒教を武士の学問として学んだ日本でも、「朝廷や幕府を否定する論理になりうる」ということで、あまり受け入れられなかった理論です。

孟子が生まれたのは戦国時代になった、前4世紀〜前3世紀のこと。孔子に直接学んだわけでなく、「孫の門人の弟子として学んだ」という関係になります。

「孟母断機《もうぼだんき》」という言葉がありますが、孟子が若かった頃、学問を途中放棄して故郷に戻ってきてしまったそうです。そのとき母親は、「お前が学問を辞めるのは、これと同じことだ」と言って、生業のために織っていた織物を断ち切ってしまったとのこと。

家計を支える仕事なのに、それを断ち切ってしまったら、お金は入らない。ひょっとしたら一日、ひもじい思いをしたかもしれませんが、母親はそこまでして彼に学ぶことの意義を説きたかったのでしょう。彼の母親は、「理想の母像」として定着しています。

◉人間は「性善」なのか?「性悪」なのか?

孟子というのは、「性善説」を説いた人としても有名です。これは「人間は生まれながら善性を持っている」という考え方で、以後の儒教でも採用されていきます。

でも、本当に善性などあるのか?

孟子は次の「四端」と呼ばれる心をあげます。

①惻隠《そくいん》……他人を憐《あわ》れむ心
②羞悪《しゅうお》……悪いことをした自分を恥じる心
③辞譲《じじょう》……譲り合う心
④是非《ぜひ》……善悪を分別する心

彼が「性善説」を説いたのは、当時、儒教よりも支持を集めていた、墨子《ぼくし》(前450〜390年頃)の思想に反発したものだったといいます。この墨子は「博愛主義」を説いた人物として有名ですが、人の心はもともと善でも悪でもなく、悪い集団に属すると悪くなるし、いい集団に属すと善になると考えました。

そこで墨子の教えを継承する人々は、悪に染まらないため、社会から隔離した環境での集団生活を目指したのですが、これでは国を治められるような者は育ちません。結局は厳しい世の中から逃れた人々が入信する新興宗教のようになり、戦国の終わりとともに消えていきます。

一方で儒家の立場から、孟子と反対の、「性悪説」をとったのが荀子《じゅんし》です。

「青は之を藍より取りて、藍よりも青し」という言葉は有名ですが、彼は人間の根本は悪であり、だからこそ勉強して優れた存在になることが大切だと説きました。

ただ孟子も、「性善」ではあっても放っておけば人間は悪に染まると言っているので、勉強を重視する姿勢に変わりはありません。だから孟子の考えが基本理念になった中国でも、「犯罪を犯した人間を改善するために強制労働をさせる」ということが平然と行なわれるわけです。

逆に荀子の「性悪説」は、「人間はもともと悪いのだから、罰則によって規制しなくてはならない」という解釈をされ、これが「法家」の理論体系になっていきます。そして哀しいことに、戦国で一番の強国となったのは、これを取り入れた「秦」だったのです。

21 法の信奉者たちの壮絶な末路

……管仲、商鞅、李斯、韓非子と「法家」

◉「管鮑《かんぽう》の交わり」で実現した名宰相

荀子の弟子だった韓非子と李斯《りし》が、「法による統治」を説くことで確立したのが「法家」です。ただ彼らの前には、宰相として実際に法統治にかかわった「斉」の管仲《かんちゅう》と、「秦」の商鞅がいました。

そのうち「管鮑の交わり」という言葉の「管」が管仲ですが、これは親友だった鮑叔《ほうしゅく》とのエピソードから生まれた言葉。斉で王位継承をめぐる争いが起こったとき、2人は敵対する関係になってしまったのですが、勝ったのは鮑叔が仕えた桓公《かんこう》でした。

このとき捕らえられた管仲の助命運動を必死に行なったのが、鮑叔だったのです。彼は許され、斉の国の法制度を整えます。「三国五鄙《ひ》」という土地改革が知られていますが、行政区分の再編成と、その土地に応じた徴税《ちょうぜい》や、一家から1人の徴兵制など、国にとっても民にとっても効率的な制度が知られています。

春秋時代の英雄ともなった管仲ですが、孔子にいわせれば、「管子が礼儀を知っているというなら、他に誰が礼儀を知らない人に当たるのか」とのこと。

仁や義の実践よりも、まず法体系を整えることで国を豊かにしようとする考え方を、孔子は批判していました。

一方で秦の国の法制度を改革し、富国強兵《ふこくきょうへい》を行なったのが商鞅です。日本でも後に行なわれた共同責任をとらせる「五人組制度」や、土地改革、刑罰の設置など、彼の「変法」と呼ばれる制度は、秦の国をそれまでの封建国家から、王を頂点にする中央集権国家に変革します。

ただ、それだけに旧貴族の恨みも買うことになり、彼は反対派に断罪されて捕らえられます。最後は自分がつくった法に従い、車裂きの刑に処せられたそうです。

こうした戦国時代までの法治支配の成功例に、荀子の「性悪説」を取り入れて法家の理論を大成したのが、韓非子でした。

韓非子は他の思想家と違い、韓の王子というサラブレッド。ただし生まれつき言葉に障害があり、国もとでは冷遇されています。ただそのぶん、文才には非常に優れ、大思想家として戦国時代の世に認知されていきました。

◉悲劇のマキャベリスト、韓非子の人生

「信賞必罰」
「虎のよく狗《いぬ》を服する所以《ゆえん》は、爪牙《そうが》なり（虎が犬を絶対服従させているのは、強力な爪と牙を持っているからだ）」

これらは『韓非子』がもとになって生まれた有名な言葉。イタリアのマキャベリより2000年近くも前に彼は「アメとムチ」の理論を説いているわけですが、絶対権力を目指した王たちが、彼の説に納得したのもうなづけるでしょう。現実に混乱した国を治めるには、残念ながら儒教の説く「仁」よりも、韓非子が説く「恐怖」のほうが、ずっと効果的ではあったのです。

そんな彼の大ファンになったのが、秦の王だった政、後の始皇帝でした。

「韓非子と仲良くできるなら、死んでもいいくらいだ」

それくらい始皇帝は熱心で、韓非子を秦の国に呼び寄せるのですが、困ったのが彼と同門だった李斯です。理論より実践だった彼は、始皇帝の保護者だった呂不韋の時代に採用され、そのまま始皇帝の宰相になっていました。才能で上回る韓非子が秦に来れば、たちまち自分の地位が危うくなります。

そこで李斯は韓非子を罠にはめ、罪を着せた上で投獄。始皇帝が彼を助ける前に、毒薬を渡して、自殺させてしまうのです。

やがて李斯は中国を統一した秦の下で、韓非子が確立した法治思想を基盤とした支配体制をつくります。ただし彼もまた、始皇帝亡きあとで実権を握った趙高の罠に落ち、罪を着せられて「腰斬《ようざん》」という残虐な刑で処分されました。

どうも悲惨な末路をたどる者が多い法家の思想家ですが、韓非子は何も民を法で縛ることばかりを説いたのではありません。儒教の教えを体得《たいとく》しただけあって、「人が往々にして志を果たすことができないのは、他人に勝てないからではない。自分自身の弱さに打ち克てないところに原因がある」と、まず自らの心を強くすることを説いているのです。私欲にかられた実践者たちは、根本のところで教えに逆らっていました。

秦が滅亡した後、歴代王朝は儒教を採用し、法家の思想は表向きは、陰をひそめていきます。しかし2章の王朝史で見てきたように、異民族支配の多かった中国では、少数派が多数派の漢人を支配するために「儒教」を採用しても、厳格な法に基づく統制は絶えず行なわれました。韓非子の思想は、儒教に吸収されることで「王朝を支える陰の理論」となっていったのです。

22 謎の人物、老子と道教の考え方

……現代になって意味深い究極の思想

◉老子とは一体、何者だったのか？

司馬遷の『史記』には、孔子がはるばる周の国へ、老子の教えを受けに行った話が紹介されています。

孔子：「先生、私は古よりの『礼』を学んでいるものです。先生は『礼』をどのようにお考えですか？」

老子：「君の言う古よりの知恵が正しいものであるなら、こんな戦乱の世にはなっていないだろ？　古来の賢者は皆、朽ち果て、ただ空しい言葉が残っているだけだよ」

老子はそんなふうに孔子を一蹴したあと、「その傲慢さや欲深さや、もっともらしい態度は直したほうがいいよ」などと、軽く諌めたとか。孔子はあとで「何だか、つかみどころのない人だったなあ」とつぶやいたそうです。

歴史上に残る賢人2人の会話……ですが、じつは後の道家がつくったフィクションのようで、老子は孔子よりずっと年下だったという説もあります。

じつは「老子」の実像は謎につつまれていて、この名前も「歳をとった（老）先生（子）」という意味でしかありません。楚の国で生まれ、周の国の官僚になったという説もあれば、本当は存在していなかったという説もあるくらいです。

老子の正体が不明なのには、彼の主張に社会批判や国家批判の要素が含まれているからかもしれません。

「正しい『道』がすたれてしまったから、愛や正義の教えが強く説かれる世の中になったのだ。余計な法律は、それを超える嘘や大罪を増やすだけだ」

「賢い者を尊重することをやめれば、民は競争することに終始しなくなる。珍しい財宝を貴ばなければ、民はものを盗むことをやめる。欲望をかりたてるモノを見せなければ、民の心は迷わないのだ」

「『正義も礼儀も一見、素晴らしく見えるが、そんなものは何も実を結ばない。賢人はそんなものに振り回されたりせず、実になることをするものだ』」

法律も、人材活用も、モラルも、礼儀すらも考慮せず、ただ「道＝自然の摂理」に従って、ありのままに生きる。老子の教えは難解で、そのままに解釈できない部分もあるのですが、教えどおりにやったら国家が成り立たなくもなります。

だから老子の教えは政治活用されるというよりは、「隠者の教え」となり、「道教」という宗教に帰結していきます。それは思想ばかりでなく、文化や芸術にも大きな影響を与えるのですが、それには彼の有名な「弟子」とされる人物、荘子の登場を待たなければなりませんでした。

◉日本にも影響した老荘思想

老子の弟子とされる荘子ですが、じつはその関係はよくわかっていません。

ただ正体不明の人物である老子に対し、荘子のほうは紀元前4世紀の戦国時代、宋の国の人間だったと考えられています。儒教の教えの核心にふれていることから、もともとは儒家を志した人間ではないかともいわれます。

彼の言葉を集めた『荘子』には、老子が死んだときの様子も記されているのです。そのときは彼のことをよく知る親友が、やけに冷たい態度をとりました。老子の弟子が、「あなたがそんな態度では先生が可哀想です」というと、彼はこう答えます。

「先生がこの世に生まれたのは、生まれるべき時期に巡り合ったからであり、この世を去ったのは、去るべき時期が来たからである。いわば自然の巡り合わせ、それをまるで肉親が亡くなったときのように大げさに泣き騒ぐほうが、ものの道理のわかった先生の前では

失礼であろう」（岬龍一郎著『荘子』PHP）

ときは戦乱の世の中、理不尽に民が蹂躙された先の見えない時代です。そんな中で荘子は「道」の概念をさらに超越し、この世で起こる悲劇的なことを達観してとらえるように説きました。「明鏡止水」とは『荘子』から生まれた言葉ですが、哀しみも苦しみも、あるいは欲望や邪心を捨て、クリアな心で現実を受け止めていくことこそ、幸福に生きる秘訣……というわけです。

ともすれば「逃避」ともなる荘子の考え方。しかし彼の思想は、超自然的な思想と結び付いて、時代に翻弄される民衆に浸透していきます。次は有名な「胡蝶の夢」。

「いつのことだったか、私は蝶になった夢を見た。あの、ひらひらと楽しげに舞う胡蝶である」

老子と荘子は師弟でなく、まったく別の思想家だったという説もありますが、しかし後の道家は「老荘思想」として2人を結びつけ、儒教のアンチテーゼとなる自然宗教としてこれを大成させていきました。日本人には関係なく見えますが、じつはこれが「禅」と結び付き、日本人の建築や習慣、あるいはものの考え方にも大きな影響を与えたのです。

23 孫子の兵法は、果たしてどれほど役立ったのか？

……世界が学んだ戦略論を実践しなかった中国⁉

◉「孫子の兵法」の著者を知っていますか？

日本で一番よく知られている中国古典と言えば、何と言っても『孫子の兵法』でしょう。兵法書、すなわち「戦争の方法論」として書かれたこの書は、日本では奈良時代にすでに伝わっており、内乱を鎮圧するのに使われたといいます。

もちろん後の武士たちも、戦においてはこの本を教科書として使い、武田信玄が旗印にした「風林火山」は、この『孫子の兵法』から取ったものでした。

日本のみならず、18世紀のころにこの本はヨーロッパにも紹介され、ナポレオンが愛読したという伝承もあれば、第1次世界大戦の際に破れたドイツ皇帝は「この本をもっと早く知っていれば」と嘆いたといいます。

もちろん実際の戦争のみならず、ビジネスの戦いを勝ち抜く方法論として、「孫子の兵法」がいたるところで引用されているのは周知のところ。「彼を知り己を知れば百戦して殆《あや》うからず」という言葉は、おそらく聞いたことがないというくらい有名でしょう。

また、「爵禄《しゃくろく》百金を惜《お》しんで、敵の情を知らざる者は、不仁の至りなり」と、情報収集に投資することの重要性を説いた言葉は、現代になってより重みをもった言葉になっています。

もちろん『孫子の兵法』は中国でも愛された本で、司馬遷は「一家に一冊、この本は必ずあった」と述べているくらい。それは漢の頃ですが、科挙の試験でも必須の本になったので、王朝史を通して読み続けられました。

ただ、これだけ世界に影響を与えた『孫子の兵法』ですが、その著者はあまり有名ではありません。それもそのはずで、じつは史料から著者が確定したのは、1970年代になって。「孫子」というのは、春秋時代の「呉」の将軍だった、孫武という人物で間違いがないようです。前6世紀のころで、孔子や老子の名が、まだ世に知れ渡る前になります。

「呉」というのは、長江の下流域に建国された国です。南にあったライバルの「越《えつ》」を牽制しながら、西の大国「楚」の圧迫を受けるという緊迫した状態にありました。

その「楚」の20万の大軍を、3万の軍で破って「呉」を安定させたのが、孫武将軍です。彼の兵法は机上の空論でなく、きちんと実戦で積み上げた根拠に基づいていたわけですね。

◉「戦わない」のが一番の兵法

じつは『史記』においては、「女性部隊の指揮を任されたお姫さまを、『指揮がなっていない！』と斬り捨てた……」という伝承があるほど、孫武は厳格な武将として知られていたそうです。

ただ、大阪大学の湯浅邦弘教授が指摘しているのは、彼の戦争論の核心は「戦争をしないこと」にあったようです（『別冊ＮＨＫ１００分de名著・老子×孫子』）。それは「兵法」の次の言葉に集約されるでしょう。

「百戦百勝するというのは、戦における最善の方法ではない。戦わないで敵の兵を屈服させることこそ、最善の方法なのだ」

つまりどんな場合でも、合戦になれば被害者も出るし、損害も出るのです。だから戦わないで戦争目的が達成できるならば、それに勝るものはない。

具体的な戦争の方法として、孫武は次の優先順位を述べています。

「一番の勝ち方は、謀略によって敵を討つこと。次は交渉で決着をつけること。その次が交戦して敵を討つことで、最も悪いのが城を攻めることだ」

「武士道」の文化を持つ日本人には、たとえば『三国志』の戦いを読んだとき、違和感を覚える人も多いと思います。それは「仲間になろう」と相手をおびき出して大軍でだまし討ちにしたり、あるいは偽の手紙で敵を罠にはめたりと、スケールの大きな戦争にしては、やることがどうもみみっちいのです。

しかし考えてみれば、これが550年も内戦を続け、以後も外敵に翻弄され続けてきた国の理論なのです。いくら正々堂々でも、負けてしまったら国は滅びます。勝っても兵を多く失えば、他の国に滅ぼされるのです。

だから民を守るには、どんな卑怯なことだって、君主はしなければならない。日本のように勝利より名誉が重んじられる余裕など、厳しい中国の戦乱期には求められなかったのかもしれません。

それでも兵法が生きるのは、生存をかける切迫した情勢があったときです。王朝が大国になり、「周りに敵なし」といった状況になると、孫子の兵法も忘れられます。

清の時代、世界最大の国になった満州人の中国は、ヨーロッパの技術にふれながら、これを生かそうとしなかったし、皇帝は世界の情報に見向きもしませんでした。だから安易に戦って、大敗を喫することになります。歴史の続きは次章で見ていくことにしましょう。

24 朱子学に陽明学、日本にも影響を与えた儒教の歴史

……日本が中国に倣ったものと無視したもの

◉孔子の儒教は、漢の時代に死んだ

岡田英弘さんの『中国文明の歴史』を読むと、漢の国が滅亡したときに「中国の国教であった儒教は事実上消滅」したと書かれています。異民族が王朝を乗っ取っても儒教が採用され、現在も中国を「儒教文化の国」と認識している私たちにとっては、これは不思議に思えるでしょう。

確かに孔子や孟子の教えは、中国で学ぶべき知識となり、モンゴル人の皇帝だろうが、女真族の皇帝だろうが、これを「広大な中国の民を統治する理念」として尊重したことは事実です。

ただ孔子がそもそも意図した「帝王が学ぶべき哲学」として儒教が活用されたかというと疑問で、むしろ儒教は「エリートが身につけるべき教養」の側面が強くなっていきます。

見てきたように中国史を通じ、この国にいた民は、中国から見た〝蛮族〟によって、何度も征服されるわけです。しかし少数派だった彼らは、この国を支配するために、漢人を官吏にせざるを得ませんでした。

そこで選ばれたのが、科挙の試験によって厳選された中国のエリートなのです。彼らはそれに相応しい教養を身につけた頂点に立つ者で、表向きは支配を受けても、内面では蛮族支配者の優位に立っていた……。

自己満足といえばそのとおりですが、中国における儒教は、そんなエリート意識の下に発達していったのです。一方で庶民は神秘的な道教や仏教に傾いていったのですが、儒教はむしろこれらを吸収しながら、自己を磨くための哲学になっていきます。

この傾向がハッキリ確立したのは、宋、あるいは南宋の時代です（960）。

すでに見たように、宋は漢人によってできた王朝でありながら、遼や金、あるいはモンゴルといった外民族に従属するような立場でした。そんな環境下で、「内面で精神的優位に立つ学問」が急速に発達していきます。

そんな南宋の時代、道教と仏教をミックスした新しい儒教をつくったのが、朱熹という人物です。彼の教えが「朱子学」ですが、そこには「理」や「気」という自然エネルギーを生かすような、道教的な要素が強く含まれていました。

朱熹は宰相としてわずか40日で失脚したといいますが、「朱子学」は「礼の重視」や「臣下の忠誠」を説いていたということで、元や明の皇帝にも採用されていきます。

そしてこの学問を、やはり秩序維持の面から正式な学問として採用したのが、江戸幕府だったのです。教育を任された林羅山が建てた施設が、後に「昌平坂学問所」という教育機関になっていきます（現在の湯島聖堂）。

◉中国の思想家が動かした日本

朱子学によって少しスピリチュアルに寄ってしまった儒教を、道徳的な原理を取り入れて再生しようとしたのが、明の時代の儒学者・王陽明（王守仁）です。

彼は熱心な朱子学者で大変な読書家だったのですが、同時に明の将軍でもありました。しかし権力を牛耳っていた宦官に逆らったことで、辺境に左遷されます。

厳しい自然環境で、異民族の中に混じって貧しい生活をしているとき、彼はハタと気づいたとか。

「あれだけ勉強したことは、一体いま、何の役に立っているんだろう……？」

そして彼が大成したのは、「知行合一《ちぎょうごういつ》」という論。つまり「何を学んでも、行動に結びつけなければ意味がないんだ」ということです。儒教がもともと統治者のための哲学だったことを考えれば当然なのですが、机上の学問となっていた朱子学に対し、彼はこの「陽明学」で反発していくわけです。

清の成立とともに忘れられていった陽明学ですが、日本ではこれが認知されるにつれ、大きな影響を及ぼしていきます。

たとえば江戸時代に陽明学の影響を受けた人物をあげていくと、大塩平八郎、吉田松陰、西郷隆盛……。つまり幕府に逆らった人物や、尊王攘夷の運動を起こした人々に、陽明学は強く受け入れられていくのです。

なぜかといえば、それこそ「知行合一」。つまり学んだことは実践しなければ意味がない。勉強した結果、「今の世の中は間違っている」と思えば、それを行動に移さなければ意味がない。「幕府でなく天皇が国を治めるべきだ」と学べば、それを実現する策を考えねばならない……。武士道の使命観と、陽明学の実践論が結び付いたことによって、日本では変革への動きが急速に高まっていくわけです。

しかしながら、中国の思想が生まれた根源は、厳しい時代にいかに生き抜くかを追求し続けた結果でした。いま学ぶなら、それをどう生かすか？　時代に応じ、私たちも行動に還元することを考えていかねばならないでしょう。

第 4 章

いまの日中関係ができるまでの基礎知識

常識として踏まえておきたい
中国と日本の近代史

知ってておきたいこと

密接になる中国に対し、日本人がおさえておくべきこと

清の11代皇帝・光緒帝、革命の父と言われる孫文《そんぶん》、そして現在の共産党の土台をつくった毛沢東。本書でこれから登場する3人に共通することは何だと思いますか？

それは皆、日本の明治維新に憧れた、ということです。

清の滅亡、中国の分裂、日本の侵攻に、中華人民共和国の成立……と、本章で見ていく中国の現代に続く歴史は、じつは過去の中国史のパターンとあまり変わりません。つまり王朝が衰退し、農民たちの反乱が起こり、国が分裂して、やがて異民族が侵入し、新王朝ができる、と。

ただ違うのは、最後になってできた国が「日本人」という異民族によるものでなく、「共産主義」という思想によるものだったことです。それはまもなく机上の空論となるのですが。

しかし中国の近現代史は、日本と切っても切り離せない関係にあるのです。それは先の3人に象徴されるように、新時代の中国をつくった人々は、日本に大きな影響を受け、また憧れすらしていました。とくに満州人の支配を受け入れ、またヨーロッパ諸国に蹂躙されていた当時の漢人にとって、対外圧力をふりほどいて近代化を成し遂げた日本人は「尊敬すべきアジア人」だったのです。

同時に多くの中国人は、日本人を恐れもしました。それは後に体感する日本人の死を恐れない精神とか、ときおり見られる残虐性ということではありません。

歴史を通して、すぐ隣にいたアジア人に侵略され続けた彼らは、本当に怖いのは遠く西洋からやってくる白い肌の人間たちでなく、「中国」という世界にすぐ接したところにいる小民族であることを知っていました。「東アジアの中心の一番魅力的な地域」にいた彼らだから、それだけ「周辺」には怯えていたのです。現在でも国境にこだわり、執拗に軍事力を上げて警戒し続けるのは、そんな歴史に影響されているのではないでしょうか。

日中戦争から太平洋戦争を通し、中国が大きな被害を受けたのは、この国が統一した政権を得られなかったことにもあります。事実上、戦争は日本vs蔣介石《しょうかいせき》の国民党vs毛沢東の共産党という、三すくみの構造をはらんでいました。

それでもアジア・太平洋戦争を通じ、日本の死者数が310万人といわれるのに対し、中国人は1000万人以上です（吉田裕著『アジア・太平洋戦争』岩波新書）。この数に議論はあるでしょうが、いがみ合いながらもますます密接になる2国のビジネス関係において、私たちは自分たちが関わった歴史を押さえておく必要があります。

25 アヘン戦争と蹂躙される清帝国

……なぜ世界最大の国がヨーロッパの標的になったのか？

◉イギリスはなぜ、中国を狙ったのか？

中国で「清」が最盛期を迎えていた18世紀後半、はるか西のイギリスでは「産業革命」が起こっていました。

紡績機械から始まった技術革新は、やがて蒸気機関を生み、鉄道や蒸気船の発明によって、世界間の距離を縮める大変革になっていきます。やがてイギリスは大量生産した品物の売りつけ先として、オスマン・トルコ帝国に、インド（ムガール帝国）、そして清国と、旧時代の文化先進国に触手を伸ばしていくわけです。

すでに康熙帝のころから清にはヨーロッパの宣教師がたびたび訪れ、広州（広東）に限った貿易も行なわれていました。そして康熙帝の孫の乾隆帝の時代から、イギリスは貿易拡大を求める使節を清国に送るようになります。

イギリスには、中国との貿易を重視せざるを得ない理由がありました。それは現在も英国を象徴する飲み物……。紅茶です。

イギリス人が紅茶を飲むようになったのは、17世紀のころ。いつのまにかコーヒーを凌《りょう》駕《が》し、ロンドン市民にティータイムを習慣化させてしまいます。

だから産出国であった中国から大量の茶を買い付けるのですが、制限された貿易の中で、イギリスには売るものがありません。大量に生産される繊維製品は、中国にもう間に合っている。放っておくと貨幣となる銀が、イギリスからどんどん流出してしまう……。

そこで彼らが清に持ち込んだのが、麻薬であるアヘンです。

すでにインドを支配下においていたイギリスは、ここで栽培するケシからアヘンをつくり中国へ、中国から茶を輸入し、インドへは綿織物を売るという「三角貿易」を開始。

アヘン中毒者が増えると、さすがに清も黙っていません。時の皇帝・道光帝は、林則徐という官僚を特命大臣に指名し、広州に派遣します。そして正義感の強い彼は、アヘンを没収して廃棄。イギリスはそれに抗議し、言いがかりのようなかたちで始まったのがアヘン戦争でした（1840）。

大国・清の軍隊も、さすがに最新鋭の軍艦16隻には歯が立ちません。1842年に清とイギリスは「南京条約」を結び、上海など5港を開港。貿易を自由化し、賠償金を払った上で、香港も割譲することになります。

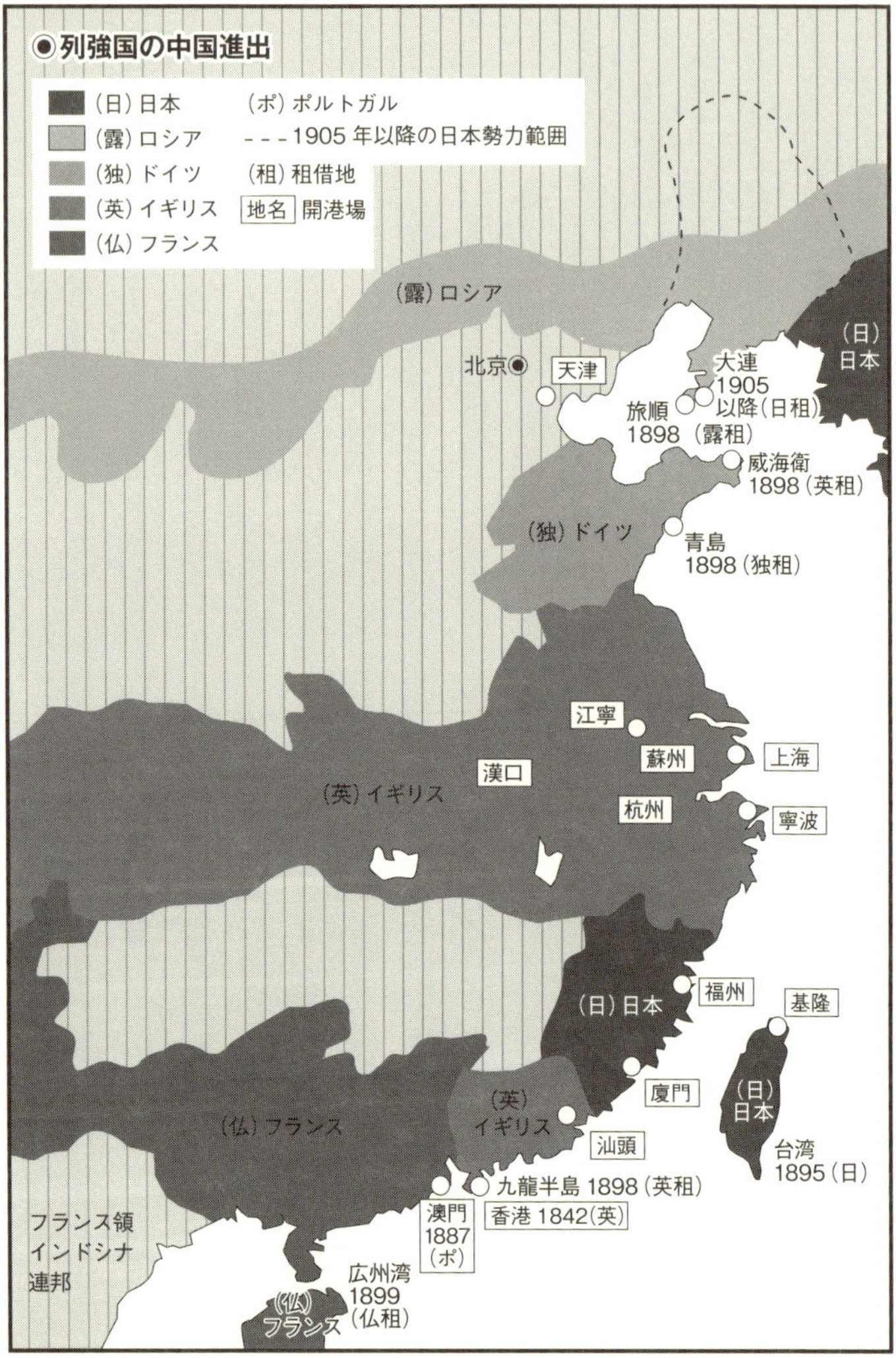

(参考：岩本美緒『中国の歴史』ちくま学芸文庫)

さらに翌年には、領事裁判権（イギリス人の罪人をイギリス人が裁く権利）を認め、関税自主権も喪失。欧米による中国進出が始まります。

◉なぜ大国・清は、欧米に蝕まれたのか？

ウィリアム・H・マクニールの『世界史』（中公文庫）には、次のようにあります。

「それまで何世紀にもわたって強力な文明を維持し、繁栄させてきた中国の役人にとって、外国人とは粗野な蛮族にすぎず、その彼らが自分たちに教えるべき重要なものを持っていることは、とうてい信じ難《がた》かった」

アヘン戦争の13年後、日本もペリー提督が乗ったアメリカ軍艦の来航にたじたじするのですが、それでも優秀な藩は攘夷に向けて動き出しますし、海外に行ってまで情報収集しようとする人間が現われます。

清国でも先の林則徐などは、皇帝からアヘン戦争のスケープゴートにされて地方に飛ばされたにもかかわらず、欧米の脅威を世にうったえ続けました。また後に「洋務運動」ということで、一部では欧米の技術を取り入れようとする動きが起こってきます。

ただ清国政府の動きは、あまりにも緩慢《かんまん》でした。

1856年には、イギリスの商船・アロー号に乗っていた中国人を清側が海賊の容疑で逮捕し、英国旗を引きずり落とした事件をきっかけに「アロー戦争」が勃発。これには仏・米・ロシアも参加し、「天津条約」と「北京条約」によって、天津の開港やアヘン貿易の許可のほか、あらゆる国と不平等条約を結ぶことになります。

１８７０年には中央アジアがロシアに、84年にはベトナムがフランスに、79年には明治時代になった日本も沖縄を領有化していますが、このように冊封体制によって影響を及ぼしていた周辺諸国も次々と列強国に奪われていきます。

はるか以前から欧米の商人はこの国にやって来ており、彼らがアフリカからインドまで、海の向こうでは新大陸までと、世界を席巻していたこともわかっていたはず。しかも自分たちも強大な明国を乗っ取った、女真族という小民族の末裔なのです。あまりにも欧米の脅威に鈍感すぎました。

こうなった背景には、歴代の王朝と同様、清も建国から２００年以上が経ち、大国主義で、官僚制も腐敗していたことがあったのでしょう。民衆の不満も溜まっていて、18世紀末からは「白蓮教徒」など宗教団の反乱も続いていました。そして次に見るように、１８５１年には50万人を動員する「太平天国の乱」も勃発しているのです。

26 「太平天国の乱」と海を渡った中国人たち

……王朝末期に飛躍する先進的な漢人たち

◉高杉晋作にも影響を与えた「太平天国の乱」

列強国の進出が始まるまで、中国で唯一、海外貿易がゆるされた広州は、世界でも有数の国際都市になっていました。

アラブやヨーロッパの商人が行き交い、さまざまな外国語が話される。他国の品を売る市も並び立ちます。いまの中国からは考えられませんが「広東商人」は世界で最も信用のおける商人とされ、また客家《はっか》と呼ばれるこの地に住む人々は、「纏足《てんそく》」のような悪習も受け付けない気概を持っていました。客家は、華北から移住した漢族の子孫です。

そんな広州から「太平天国の乱」は勃発。指導者の洪秀全《こうしゅうぜん》は、この地でキリスト教の宣教師に出会い、「上帝＝エホバ」を崇拝する宗教結社を立ち上げます。

イギリスに破れアヘンの流入は止まらない。同時に上海が開港したことで、商売の先行きも見えなくなった時期です。たちまち広州の人々は「打倒・清」を掲げる洪秀全に賛同し、50万人規模の大反乱になっていきます。彼らはとうとう南京を占領し、「太平天国」という国をつくってしまいました。

アヘン戦争を通して経済難に陥っている清国は、これを鎮圧できません。そこで外国人の部隊と、曾国藩《そうこくはん》（湖南省《こなんしょう》）や李鴻章《りこうしょう》（安徽省《あんきしょう》）といった漢人の官僚に組織させた義勇兵でこれに対処。結果、ほぼ20年をかけてこの乱は鎮圧されるのですが、清国にはヨーロッパの軍が駐屯し、地方では政権を揺るがす、漢人の軍閥が生まれます。

この「太平天国の乱」を海の向こうでよく観察していたのが、幕末の日本人です。

海の向こうどころではありません。

「その広大厳烈な様子は、筆紙をもっても尽くすことはできない」

そんな言葉を残しているのは、長州藩で尊王攘夷の筆頭に立っていた高杉晋作。彼は１８６２年に幕府の使節にくっついて上海に渡っているのですが、そのときに「太平天国の乱」を観察しています。英仏に対し「下関戦争」を起こしたのは、帰国してすぐでした。

他にも多くの学者がこの乱を記していますが、「西洋諸国の圧力を跳ね返すために新しい国をつくる」という点では、日本も彼らと同じ立場にあったのです。98年に日本は明治政府を立ち上げ、逆に欧米に混じって中国に進出していきますが、最初の時点での情報収集の差は大きかったのかもしれません。

◉華僑ネットワークが強力な理由

欧米諸国の蒸気船が頻繁に中国を訪れるようになったころ、逆に中国から世界各国へ渡る中国人も多くいました。これが「華僑《かきょう》」と呼ばれる人々で、その中心もやはり、商業が盛んになった広州を中心とする広東省と福建省の人々です。

じつは古くから海外へ渡航する中国人はいました。その行き先は主に東南アジアで、17世紀にスペインがフィリピンを支配したときは、3万人くらいの華僑がいたといいますし、オランダが支配したインドネシアには華僑街があったといいます。

けれども大量の人間を輸送する手段ができ、欧米が侵略した国々も含め、世界のあらゆるところに航路が開かれると、事情が変わります。たくましい広東や福建の人々は、清国と対立する一方で、欧米諸国と取引を結び、大量の海外移民を世界各国に送り出していきます。

1995年のデータになりますが、『華僑』（斯波義信著、岩波新書）という本によると、1820年代から100年間で、東南アジアへ移住した中国人は1000万人。そのうち最も多かったタイは、1824～1917年で203万人。ゴールドラッシュが起こったカリフォルニアには3万5000人、オーストラリアにも5万人の中国人が渡りました。

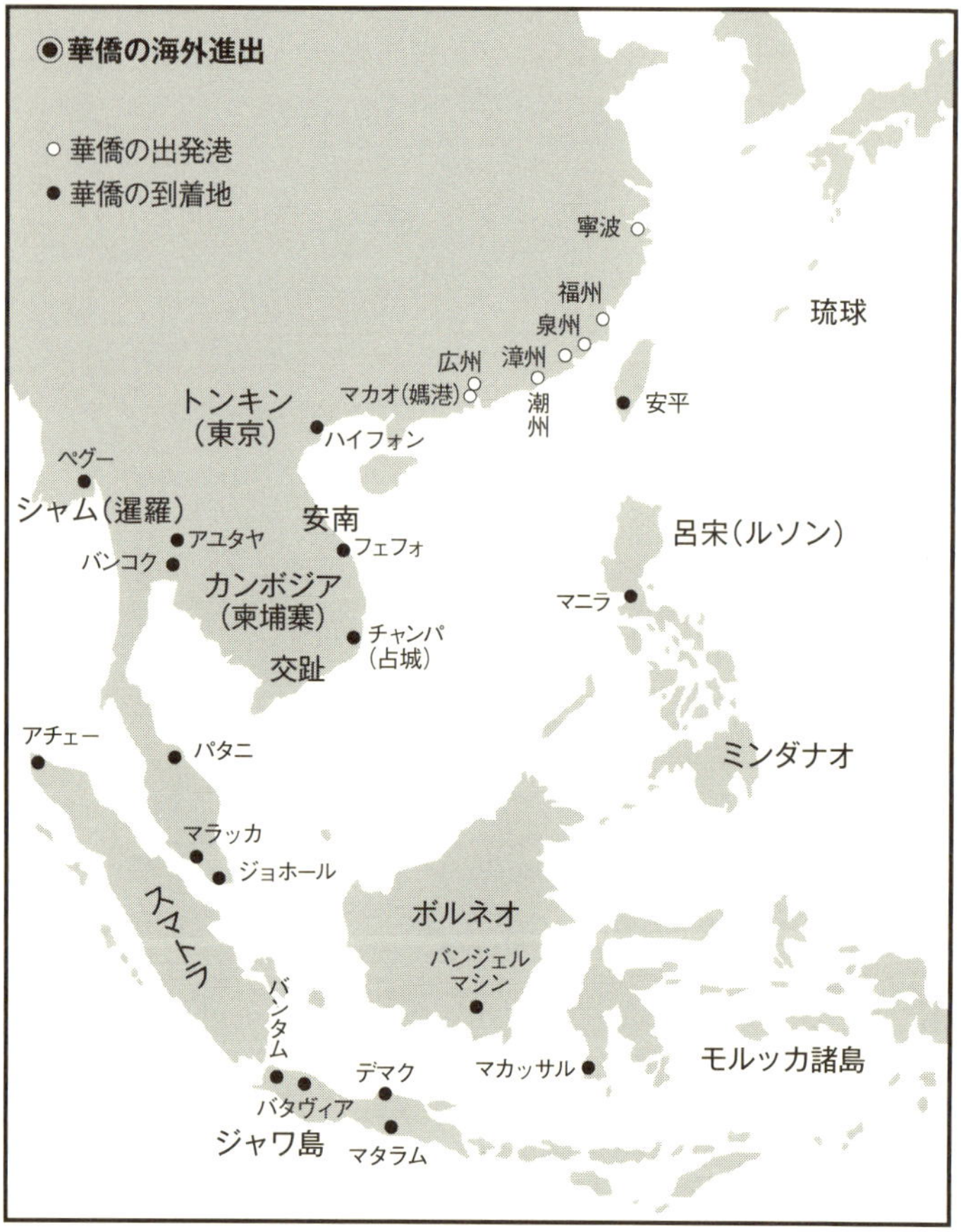

（参考：岡田英弘『中国文明の歴史』講談社現代新書）

彼らの中には、ほとんど奴隷同然で、売られるように渡っていった人々もいます。その多くは「契約移民」という形で、3年分くらいの賃金を受け取り、ヨーロッパが植民地に開発したプランテーション農園や鉱山で、過酷な労働を担わされる形です。貧しい農民たちがその対象でした。

しかし満州人の支配力が弱くなり、内乱が続いて沈滞する中国に見切りをつけ、新天地を求めて海外へ移住した人間もやはり多かったのです。その中には商人もいれば、農民もいれば、技術者や金融業を営む人間もいたといいます。

そしてマレーシアに進出した葉氏のように、現地でイギリス人やイスラム人を手玉にとり、錫《すず》鉱山の開発で一大勢力を築くような人間も現われました。ちなみに横浜の中華街も、幕末に欧米人とともに日本へ渡ってきた広東商人による移住が、出発点だったようです。

華僑たちの一部は国に帰りますが、多くはそこに住みながら「三合会」や「天地会」といった結社を組織し、広いネットワークをつくっていきます。

もう国は助けてくれない、ときには同郷だったり、あるいは同業者だったりと、彼らは互いに強い絆をつくりながら、言葉も通じない厳しい世界に対処していったのです。それが華僑の強さとなりました。

27 西太后の失敗と日清戦争

……なぜ中国は日本を恐れるのか？

◉西太后は本当に悪女だったのか？

太平天国の乱が起こったとき、ときの皇帝は、まだ10代の咸豊帝《かんぽうてい》でした。政治嫌いだった彼は、アロー戦争で北京が包囲された際に避暑地へ逃げ、そのまま戻らずに毎日のように観劇しては豪遊する生活を続けます。しかも結核になってまでそれを続けたようで、31歳で若くして亡くなりました。

この非常時にとんでもない皇帝もいたものですが、息子だった6歳の同治帝が即位。政権は補佐役だった宰相たちが握りますが、咸豊帝の弟・恭親王《きょうしんのう》と協力して彼らを排斥《はいそ》したのが、皇帝の実母・西太后でした。以後、〝御簾《みす》の向こうから皇帝を動かした〟ということで「垂簾聴政《すいれんちょうせい》」と呼ばれる体制で国を動かします。実際は「屏風《びょうぶ》の向こう」だったようですが……。

西太后は中国の「3大悪女」の1人に数えられ、恐ろしいエピソードが数多く語られます。ただ、その多くは創作のようで、実際は歴代の皇帝ほど粛清《しゅくせい》もしていません。ライバルだった正妻の東太后も、たびたび対立した恭親王も、命を奪ってはいないのです。

なのに悪の象徴になってしまったのは、中国が列強に侵略された理由を、彼女の統治の責任に帰するところが大きいからでしょう。実際、それは少なからず当たってはいます。ただ、彼女がいたから、清国はギリギリのところで命脈を保った、ともいえるのです。なんせ清が滅亡したのは、彼女が74歳で亡くなった3年後でした。

実際、西太后は清を強くもしました。それはアロー戦争に破れたあとのことで、彼女は「太平天国の乱」の平定に活躍して威力を増した曾国藩や李鴻章に協力し、西洋の技術を取り入れた新国軍の改革を行なっています。

この改革は大成功したようで、1884年からベトナムの支配をめぐって始まった「清仏戦争」では、清の軍がフランス軍に連戦連勝します。日露戦争で日本がロシアを破る20年前ですから、軍の近代化は中国のほうがずっと早かったのです。

ただ、西太后はフランスにベトナムの領有権を認め、講和条約を結んでしまいます。フランスも驚きますが、彼女は戦争を政敵を排除する手段に考えていました。目的を達成すればベトナムなどどうでもよかったわけです。この戦争で軍を率いた李鴻章も、「こんな南に自分の軍を駐屯させたくない」ということで、これに賛同しました。

欠けていたといわざるをえません。

◉実現しなかった清の「明治維新」

一国を治めるリーダーとしては、西太后という人物は、あまりに将来を見るビジョンに欠けていたといわざるをえません。

ただ、忘れてはならないのは、彼女が守っているものは「清」という王朝であり、すでに見てきたように、中国でそれは「この王朝が国を治めている」というファンタジーなのです。現実的にもすでに国家はバラバラになり、漢人たちが地方で組織する軍に、国を守ってもらっているような状態です。

しかし、これと真逆の状態にあった国の挑戦を、西太后は受けることになるのです。それは大国の仲間入りをするために、国運をかけて朝鮮半島を狙ってきた明治の日本でした。

当時、朝鮮半島にあったのは、清の属国になっていた李氏朝鮮です。日本と清はたびたびこの地をめぐって対立しますが、1885年の天津条約で「半島は中立にする」ということを取り決めます。そして朝鮮半島で「甲午《こうご》農民戦争」という反乱が起こり、両方が出兵をしますが、日本は「国内改革をする必要がある」と朝鮮の宮廷を占領します。

ただ、西太后に言わせればベトナムと同様、「朝鮮半島など、どうでもいい」だったようです。李鴻章に軍を任されていたその部下、袁世凱《えんせいがい》も、あまりここで戦争をしたくなどなかった。だから日清戦争（1894）が始まると、本国にとっとと引き上げたくらいです。

清仏戦争のときの仏英連合軍が2万5千人だったの対し、本気の日本は、17万4千人。清側で戦うのも李鴻章の軍だけで、結果は日本の圧勝。台湾と朝鮮半島の支配権を奪われ、多額の賠償金を清は払うことになります（下関条約）。

じつは戦争に乗り気でなかった西太后に対し、日本を重大な脅威とみなしたのが、19歳で病死した同治帝に代わって皇位に就いた、光緒帝《こうしょてい》でした。

光緒帝は西太后の甥《おい》ですが、彼女と違って世界の動きに敏感で、未来志向を持った人物だったようです。明治維新を研究し、「この国を放っておくと欧米諸国よりもまずい」という意見を持つ学者・康有為《こうゆうい》をブレーンに抱えていました。

そして日清戦争の結果は、彼らに衝撃を与えました。「国を強くするなら根本を変える必要がある」と、彼らは西太后の影響を排除し、清を大改革することを企みます。

しかしこれが西太后にバレてしまうのです。裏切ったのは彼らが活用しようとした、軍閥の袁世凱。光緒帝は幽閉されます。彼の憧れでもあり、脅威でもあった日本の伊藤博文と会談したあとのことでした。

28 王朝時代の終了と革命にならない革命

……清の滅亡と辛亥革命

◉ついに「列強打倒」を掲げた西太后～義和団事件

列強国に蹂躙され続けた中国です。一般民衆はといえば、西太后のように無関心だったわけでなく、光緒帝のように学ぼうとしたのでもなく、ただひたすら〝怒って〟いました。

そして1899年、「義和団事件」が起こります。後に『北京の55日』という映画にもなった事件ですが、「扶清滅洋（清を助け外国を滅ぼす）」というスローガンを掲げた民衆が暴徒と化し、途中途中の教会などを破壊し、欧米人を惨殺しながら北京を目指しました。中心にいたのは、山東省にあった「義和団」という武術を極めた宗教結社です。

やがて北京には20万の暴徒が乱入し、恐怖におののく各国公使は、清による沈静化に期待します。けれどもここで西太后のとった政策は、「義和団を守り、彼らとともに外国勢力を排除する」という驚くべきものでした。

「中国は衰弱きわまり、もはや人心しかよりどころがない。その人心を失ったら、どうやって国を保っていけばいいのか？」

有名な西太后の演説ですが、暴徒たちは外国志向に傾いた光緒帝を排除した西太后を、「滅洋」のシンボルととらえていました。いままで顧みなかった自国民に対し、西太后も最後になって、ほだされた気持ちがあったのかもしれません。

しかし列強国は当然ながら鎮圧の部隊を送り、8カ国連合軍が北京を包囲します。そのうち一番の主力はといえば、清が最も恐れた日本の軍でした。

地方でも反乱は起こっていましたが、李鴻章や袁世凱といった軍閥たちは「外国人を皆殺しにしろ」という西太后の命令を無視し、乱の鎮圧に当たります。もっとも彼女もそれを咎めていませんから、成功するとは思っていなかったかもしれません。

結局、清は国土の大半を英仏露日独などの国に事実上割譲し、多額の賠償金を払うことになります（1901年、北京議定書）。

ただ、北京から逃げた西太后は、5兆円規模ともいわれる大豪遊をしながら凱旋し、戻ったあとは外国使節を招いての盛大な祝宴を続けました。これだけの圧倒的なパワーと、ふてぶてしさがあったから、結局、誰も彼女を討とうとはしなかったのかもしれません。

◉世界をかけめぐる革命家・孫文と辛亥《しんがい》革命

中国が「列強を倒せ！」で盛り上がっていた頃、逆に「清を倒して中国を欧米式に改革しよう」という倒幕に似た動きも始まっていました。それも「日本で」です。

1905年に孫文は東京で「中国同盟会」を結成。日本の友人たちの協力を得て、清を倒そうと目論んでいたグループを統合し、本格的な革命団体が誕生しました。

「革命の父」といわれる孫文ですが、彼が少年時代を過ごしたのはハワイ。華僑農民として海を越えた兄を頼り、キリスト教に傾倒し、アメリカ国籍も取得し、医者として仕事を始めたのもマカオでしたから、20世紀初頭ではずば抜けた国際人だったのでしょう。

しかしながら「故郷の中国を変える」という夢は強く、20代にしてハワイで「興中会」という組織を結成。中国の蜂起にも参加し、海外に出ては資金集めをしていました。

彼に影響を与えたのは、日本の明治維新。「明治維新は中国革命の第一歩であり、中国革命は明治維新の第二歩である」という友人でもあった犬養毅に宛てた言葉は有名です。

一方で清国では西太后が死去し、その前に幽閉されていた光緒帝も砒素《ひそ》で暗殺されていたため、まだ3歳の宣統帝《せんとうてい》があとを継ぎます。ラストエンペラー・溥儀《ふぎ》ですね。

すでに西太后は晩年に清国を日本やイギリスのような立憲君主国にすることを約束し、憲法も議会も誕生します。ただ国を治めたのは結局、満州の貴族たちになり、彼らは各地の鉄道などを国有化することで財政の立て直しを図りました。

そうすると利害関係があったからこそ清に従っていた各地の軍閥たちは、もう従属している意味がありません。18省のうち14省が独立を宣言し、やがて彼らは南京を首都にした新政府をつくることで連合。トップに相応しいということで臨時大総統に選ばれたのは、世界的な革命思想家になった孫文でした。１９１２年、「中華民国」の誕生です。

これに対し、清国は唯一、戦えるだけの力をもった将軍を総理に据えて、交渉に当たらせます。それは李鴻章のあとを継いだ袁世凱。義和団事件のあとはクビになっていました。ただ袁世凱ももはや清に義理を果たす意志はなく、平和的に皇帝に退位してもらい、自分が孫文に代わって大総統になることで、国を1つにまとめることになったのです。これが中国の王朝時代を終わらせた「辛亥革命」の経緯になります。

ただ、結局のところ「革命」とはいいながら、誰が国を治めるかの闘争。大多数の中国人にとってみれば、歴史的に続いた内乱と変わらなかったのかもしれません。事実、袁世凱はすぐ権力を強化しようとして国会を停止、「皇帝」を名乗ったことで、すぐに中国は南北に分裂。国民党党首となった孫文は「広東軍政府」をつくって、これに対抗しました。

そんな中で、中国人が最も恐れた民族の侵攻が始まります。日本人です。

29 日本は中国に何をしたのか?

……中国史最後の〝征服民族〟となった日本人

◉「満州事変」にいたる道

1914年にヨーロッパでは第1次世界大戦が勃発。死者1000万人という、人類史上に未曾有《みぞう》の被害を生み出しました。

ただ、蚊帳の外にいた日本は、これを機にドイツが支配していた山東半島に侵出。さらに中国には、悪名高い「対華21か条」を突きつけます(1915)。「政府運営の顧問に日本人を入れろ」「警察は日中合同にしろ」「鉄道や鉱山、港湾などに外資を導入するときは日本が優先」など、かなり無茶な要求を含むもので、現在もこの日は中国の「国恥記念日」になっています。もっとも国際的な非難を浴び、多くの要求は認められませんでした。

その後の日中戦争から続く第2次世界大戦で、日本は中国に甚大な被害を及ぼしました。終戦から70年しか経っていない現在で、この国に「反日感情」があるのは、むしろ当然なことでしょう。ただ、よく指摘されるのは「その前から反日感情は、同じように侵略しているヨーロッパ諸国より強かった」ということです。

けれども中国史の流れを見れば、それも当然のように思えます。すでに見てきたように、400０年の歴史を通してこの国は、自分たちよりずっと小さく、文化でも後進と考えていた国に征服されることを繰り返してきたのです。現在の強大な国土と軍事力を持っている中国が、日本や東南アジア諸国を執拗に警戒するのは、大国主義というよりDNAに刷り込まれた警戒心なのかもしれません。

「対華21か条」が突き出されてまもなく、袁世凱も孫文も世からいなくなります。中国の北側は張作霖《ちょうさくりん》らの軍閥が割拠し、南では孫文のあとを継いだ国民党の蒋介石《しょうかいせき》が辛《かろ》うじて中国の代表の席にいるような状態です。

そうすると頼りにできるリーダーのいない民衆は、抗日運動を激しく展開します。山東の返還を国連にも認めさせた「五・四運動」が典型ですが（1919）、これは暴走していく日本の関東軍に、いい口実を与え続けました。

関東軍は「世界最終戦論」などという物騒な理論を宗教的に信奉する石原莞爾が率いているのですから、平和的に統治を続けるわけもありません。北には辛うじて日露戦争で勝利したものの、ロシアから「ソ連」と名を変えた大国も控えています。中国の利権を手放したくない日本政府は、彼らの侵攻作戦をほとんど後づけで承認していくわけです。

◉歴史は繰り返す……日本の侵攻はどう始まったか？

1928年、まず関東軍は、軍閥として華北に力を持っていた張作霖を爆殺します。一時は協力関係にあった張作霖ですが、抗日運動の高まりとともに、協力の対象を欧米資本に切り替えようとしていました。

張作霖のあとを継いだ息子の張学良は、蔣介石と結び、日本と対立。一触即発の中、関東軍は奉天の近くの柳条湖という場所で、日本が運営していた満州鉄道の線路を爆破。これを中国のせいにして、一気に満州地域の都市を占拠してしまうわけです。これが1931年の「満州事変」。中国では日付にちなんで「九・一八事件」と呼ばれます。

満州を占領した日本は、天津にいたかつての清国皇帝、宣統帝こと愛新覚羅溥儀を連れてきて、「満州国」という傀儡《かいらい》国家を打ち立てました。

これらは関東軍が独断でやったこと。昭和天皇も危惧《きぐ》したようですが、「リットン調査団」の報告をもとにした国際連盟会議の最中に、関東軍は隣接する熱河省への進攻を決定してしまうのです。日本は国連を脱退して、中国への侵攻を続ける道を選びました。

1937年に「盧溝橋《ろこうきょう》」という場所での軍事演習で、日本軍と中国軍の衝突が発生。先に手を出したのは中国側といわれますが、日本にとっては「待ってました」だったのでしょう。「日中戦争」は開始され、日本軍は北京、天津、上海と主要都市を落とし、国民政府が首都にしていた南京まで占領してしまいます。「南京虐殺」がどれくらいだったかは現在も議論になっていますが、壊滅《かいめつ》状態になった蒋介石の軍は、それでも重慶に逃げ、日本に対するゲリラ的な戦いを続けていくわけです。

歴史をさかのぼってみれば、王朝が崩壊し、内乱が起こり、国が分裂状態になっているときに異民族が侵入するというのは、中国史の「いつものパターン」です。

当時の中国を見れば、蒋介石の国民党がいて、北方の軍閥がいて、日本に協力して陥落《かんらく》後の南京に新政府をつくった汪兆銘もいれば、ついに共産党の紅軍をつくってゲリラ活動を始めた毛沢東もいた。ようは「誰が次にこの国を支配するか」というデッドレースが始まるような状態にあったわけです。日本はうまくそれを利用した……ということなのでしょう。

ただ、中国を支配してきた異民族と日本が違ったのは、「この広大な国をどう治めるか」というビジョンもなければ、戦争の落としどころまでハッキリしていなかったこと。

だから中国どころか、石油資源を狙って東南アジアまでを狙い、世界一の経済大国であるアメリカを相手にしなければならなくなります。ここからはもう「日本史」の範疇でしょう。

30 毛沢東の勝利の方程式

……なぜ中国は共産主義国になったのか？

◉明治維新に憧れた男・毛沢東の登場

１９１７年にロシアではレーニンによる革命が起こり、史上初の共産主義国である「ソビエト連邦」が誕生します。

この国は同じ思想を世界に広めようとするのですが、目をつけたのが孫文が立ち上げたばかりの国民党です。孫文はソ連を味方につけたい意図もあり、「中国共産党」を設立して、これと連携することを決めました（第１次国共合作）。

ただ、孫文から国民党を受け継いだ蒋介石は、これに反対していました。というのも原則、共産主義というのは、土地や事業をすべて国有とし、平等に分配する思想なのです。最下層の民衆ならともかく、商人や企業家などの富裕層が支持するわけもありません。

そこで彼は南京に国民政府を立ち上げたと同時に、共産党を排除。「上海クーデター」と呼ばれる政変を実行します（１９２７）。

これを逃れてきた共産党は、瑞金《ずいきん》という山間に、「中華ソビエト共和国」を設立。国民党を打倒するために「紅軍（中国工農紅軍）」を組織。これらを束ねたのが、主席となった毛沢東でした。

毛沢東といえば、中国共産党をつくった英雄というのが建て前です。ただ、表立っていわないけれど、この人を「盗賊の親分から皇帝になった人物」ととらえている中国人も多いようです（高島俊男著『中国の大盗賊・完全版』講談社現代新書）。ただ、これは決して非難ではなく、歴史を見れば漢人の王朝を打ち立てた劉邦（漢）や朱元璋（明）と同じだということなのでしょう。

実際、農村で生まれたけれども読書家だった彼は、小さい頃から古典などを読み込んでいました。先に瑞金に本拠地を置くときなど、地元の親分のような連中に取り入ったあとで、彼らをだまし討ちで一網打尽にします。卑怯といえば卑怯なのですが、「孫子の兵法」でいう「戦わないで敵の兵を屈服させる」を、まさに彼は実践しているわけです。

清朝の時代は小学校の先生をやっていた毛沢東ですが、辛亥革命が起こったときに、「志を実現せねば」とこれに参加。光緒帝や孫文と同様、その理想は「明治維新」だったようです。日本は私たちが思う以上に、現代の中国に影響を与えています。

◉毛沢東が実践した「三分の計」

毛沢東が台頭してきた一方で、ライバルの蒋介石の理想は、「外国を排除するためにも、先に中国を統一する」ということです。だから、まずは軍閥の打倒（＝北伐《ほくばつ》）を繰り返していたのですが、唐突に生まれた共産国家を見過ごすことはできません。折しも1931年には満州事変が勃発。それでも紅軍を先に片付けようと、軍を送ります。

けれどもゲリラ戦に熟知した毛沢東に、国民党軍は苦戦します。5回目でやっと瑞金を落とすのですが、彼らは中国の西南部をぐるっと1万2500キロ迂回するという逃亡作戦（長征）をやり遂げ、延安という場所に本拠地を再建してしまいます。

しかもその間、謀略策も抜かりませんでした。相手は関東軍に父親を殺された張学良で、「国民党と共産党が張り合っていては、日本軍を撃退できない」と彼に示唆。会談のときに蒋介石を監禁して、停戦と同盟（第2次国共合作）を認めさせてしまいます（西安事変、1936）。このとき暗躍したのが、毛沢東の片腕となった周恩来でした。

こうして1年後に日中戦争を迎えますが、毛沢東は一部の日本軍と共謀していたという話もあれば（遠藤誉著『毛沢東』新潮新書）、「力の7割は勢力拡大に、2割は国民党との対抗に、1割は日本と戦うことに使えと指示された」という元党員の証言もあります。

事実かはわかりませんが、彼は日中戦争で日本ばかりを相手にしたのでなく、その先の「国民党を倒して中国の政権を奪うこと」まで考えて戦っていたことは事実でしょう。

考えてみれば、この策はかつて諸葛亮が「呉と結んで大国である魏の力を削ぎ、そのあとで呉を倒して中国を統一しよう」と劉備に説いた策と同じ。実際に共産党軍は、ただ敵と戦うだけでなく、「日本軍を撃退したあとで、その地の農民に共産主義思想を宣伝する」という活動もしていましたから、毛沢東は誰よりも〝戦争の先〟を見据えていたわけです。

やがて日本がアメリカに敗戦すると、国民党が戦後処理をしているうちに、毛沢東の軍は中国を制覇。1949年に「中華人民共和国」を立ち上げます。蒋介石は台湾に逃げ、ここで中華民国を維持。ここで生まれた中国と台湾の対立は、現在も続いています。

じつは日本の謝罪に対して、「日本軍がいたから、中国人は団結し、権力を手にすることができた。謝ることはない」と答えている毛沢東。平和な国をつくったのならば、策略家のリーダーとして世界も評価したでしょう。ただ、国民に負担をかける「大躍進政策」や、1966年に始まる「文化大革命」で頂点を極めた反乱分子の粛清、思想弾圧、政敵の排除で、犠牲になった人間の数は数千万とも、億ともいわれます。現在にいたる「国際的に信頼しにくい中国」をつくったことは、歴史に大きな汚点を残しました。

31 中華人民共和国の成立と現代にまで続く問題

……なぜ中国は経済大国へ成長できたのか？

◉中国も失敗した共産主義支配

１９９１年にソ連が消滅。それにしたがって東欧の共産主義も続々と民主化し、「マルクスが目指した理想的社会は、市場経済化が進む現代社会に適合しない」ということが、ほぼ明らかになってきました。

共産主義を貫く中国でも、毛沢東の政権下で、いくつもの失敗を重ねました。

企業や工場、商店や農園はもちろん、個人の小さな土地や家畜すら取り上げ、人々は「人民公社」と呼ばれる組織に属し、食事などは共同の食堂で配給を受けて生活する……。

そんな体制下の中、50年代後半からは「15年以内に工業生活高でイギリスを追い越す」という目標を掲げた「大躍進政策」も始まります。しかしエネルギーが不足し農業生産が停滞したうえ、自然災害も起こり、国は人民に食料を配給できなくなる。結果、２０００万人が餓死したといわれる大失敗となりました。

歪みが起こる一方で、毛沢東は体制を守るため、不満分子の粛清を行ないます。ピークに達したのが66年から10年続く「文化大革命」で、毛沢東には腐敗した組織を是正する意図もあったようですが、指導者は大きくシャッフルされ、犠牲者は数十万とも1000万ともいわれます。

「マルクス主義が教義としての力を失ったのは、階級のない社会を実現できず、それどころか自由のない硬直的な階級を必然的にもたらさざるをえないからだった」とは有名な経営学者、ピーター・F・ドラッカーの言葉ですが（『イノベーターの条件』ダイヤモンド社）、そのとおりのことが、戦後から80年代までの中国では起こっていたわけです。

ところが中国の共産主義体制は現在も続いているし、ソ連が崩壊したのと反対に、不安定ではあるものの世界第2位の経済大国にまで、この国は成長しているのです。一体それはどうしてでしょうか？

じつはこれも、王朝時代までの中国と変わらないのかもしれません。過去の中国が「理想の王の下に治められる中華世界」というファンタジーの下で、内実は様々な権力が跋扈《ばっこ》する体制で維持されたように、現在は「共産主義」という理想を1つのファンタジーにしながら、「社会主義市場経済」という矛盾した状態で中華人民共和国は力を保っています。

これは毛沢東の次に中国のリーダーとなった、鄧小平《とうしょうへい》が築いた路線です。

◉鄧小平から続く現在の中国

農民出身でエリート層に反骨精神を持っていた毛沢東に対し、鄧小平というのは、最初からエリートに生まれた人間です。フランスへ留学して共産党に入り、ソ連で学んだあとで、瑞金にいた毛沢東の軍に参加します。一緒に「長征」も経験しました。

鄧小平が主要ポストに就くようになるのは、戦後、中華人民共和国ができてからですが、世界をよく知る彼は、共産主義体制の限界もわかっていたのかもしれません。文化大革命が始まってすぐに役職を解雇され、地方で強制労働をさせられることになります。

ところが文化大革命が続き、多くの幹部が排除されていくと、毛沢東も次の政権を任せられる人材がいないことを心配し始める。8年後に鄧小平は北京に戻され、政権に復帰。76年に毛沢東が死去すると、やがて中国の実権を握っていくわけです。

表向きは毛沢東の意を継いだ鄧小平ですが、やったことは完全に彼と共産主義の否定です。人民公社を解体し、所有権はないものの農地を農民に割り当て、企業を起こすことも認めます。広東や福建などは、アメリカや日本など自由主義国家の資本を受け入れる「経済特区」となりました。これが「改革開放路線」です。

結果、30年にわたって中国は発展し続け、世界中の多くの国にとって大切なお得意様になっているわけです。もちろんその中には日本も含まれています。

ただ、変わっていない部分も多くあります。王朝時代を見れば、国が最盛期を極めると、すぐに官僚制が腐敗し、民衆の反乱が起こるという歴史を繰り返してきました。科挙で選ばれた官僚は、王権の下に地方での収税権を得ますが、決して高い給料をもらえるわけではない。だから税金をピンハネし、口利きで賄賂を受け取って……ということが約束として行なわれる。言い換えれば、そのためにも「王朝」は必要だったわけです。

中華人民共和国を見れば、「王権」が「共産党」になっただけで、構造は何も変わっていません。すると民衆の不満は、やがて反乱になる。鄧小平の時代、1989年には学生デモに端を発する「天安門事件」が起こり、軍の攻撃で犠牲になった人数は2000人ともいわれます。ただハーバード大のエズラ・F・ヴォーゲル博士によると、鄧小平から見ればこれは「成功」(『鄧小平』講談社現代新書)。つまりは歴代王朝を滅ぼした反乱を、「このときは未然に防いだ」ということにもなるのです。

ただし清は370年、弱かった南宋でも150年続いているのに対し、中華人民共和国はまだできて60年弱です。まだまだ予断を許さないというのが、この国の現在でしょう。

32 チベット、モンゴル、新疆ウイグル
……中国の少数民族問題はいかにして起こったのか？

◉ダライ・ラマの叫びの真意とは？

中華人民共和国が誕生した1年後の１９５０年、共産党の人民解放軍は東チベットに侵攻。ダライ・ラマ14世と「チベットの和平開放に関する条約」を締結し、この地を「民族自治区」にします。

そもそも仏教を生活基盤に生きるチベット人と、共産主義の価値観は一致しません。衝突はたびたび繰り返され、59年にはダライ・ラマが拉致されることを恐れたラサ市民による蜂起が起こります。大規模な争乱になることを懸念したダライ・ラマはインドへ亡命。現在まで続く「亡命政権」を立ち上げます。

「チベットは一度たりとも、中国の一部であったことはない」

ダライ・ラマの言葉ですが、すでに見たように、チベットを支配下に置いたのは満州人が建てた清の時代。そもそも漢民族の王朝における「中国」の範囲ではありません。従属を

させて「冊封体制」下に置いたり、地域を管理するための役所を置くことはあっても、征服したり併合したりということはなかったわけです。やったのはチンギス・ハーンのような外部からの征服者でした。

これはチベットに限らず、モンゴル（内蒙古《うちもうこ》自治区）や東トルキスタン（新疆ウイグル自治区）など、中国でたびたび民族運動が起こる他の地域も同じです。つねに彼らの王朝との関係は「辺境民族」という扱いで、これを「漢民族と一体化させる」ということは、どの王朝も考えていませんでした。

じつは辛亥革命の中心となった孫文などは、「満州人も、モンゴル人も、チベット人もそれぞれの土地でそれぞれの国を持てばいい」という考え方だったといいます（横山宏章著『中国の異民族支配』集英社新書）。

ところが中華民国ができると、いつのまにか歴代王朝の「中国」でなく、「清の時代に築いた版図《はんと》を回復する」というのが中国の理想になります。そしてこれが毛沢東の時代になると、「その版図に住む民族すべてに共産主義思想を感化させる」という野望になっていくわけです。

もちろんチベットがそうであったように、周辺にいる民族のほうが、それをすんなり受け入れるわけがありません。独立への運動は、たびたび起こります。

◉モンゴルの成立と新疆ウイグルの問題

清が滅亡するとともに独立を果たしたのは、満州族と対等に近い立場にいたモンゴル族です。チベット仏教を信奉するようになっていた彼らは、チベット人の王を立てて独立します（1911）。

ただこのとき、「独立国として国を維持する力がない」ということで、彼らは北のロシアを頼ります。ただしモンゴルの南部は、この地に侵出してきている日本との関係があり、「内モンゴル」として中国に残すことになりました。

中国からは独立した「外モンゴル」ですが、ロシアがソ連になると共産主義の影響を受け、王が死去したあとは「モンゴル人民共和国」に変わっています。ただ、ソ連崩壊後は自由な国となり、日本に大勢の横綱を輩出していることはご存じのとおりです。

一方で内モンゴルはといえば、戦時中は日本が占領し、「モンゴル連盟自治政府」が置かれます。39年には、日本が外モンゴルへの侵出をソ連とモンゴルの連合軍に阻止された「ノモンハン事件」も起こっています。

その後、日本が敗北するとこの地にも人民解放軍が入り、チベット同様、過去の遺産を排除し、強引な民族強化策が押し進められます。文化大革命のときなどは、思想統制ということでチンギス・ハーン廟なども破壊されます。彼らが祖先を祀ることを許されたのは、毛沢東が死んだあとになってでした。

チベットやモンゴル以上に大きな火種を抱えているのは、中国が「新疆ウイグル自治区」と定めた東トルキスタンの地域でしょう。

そもそもこの地域は、トルコ系のウイグル族のほか、カザフ族、回族、キルギス族などが混在する多民族地域。信仰する宗教もほとんどイスラム教で、まったく「中国」という文化には属さない価値観を持っているわけです。そこに強引な共産党支配を持ち込んで、何も起こらないわけがありません。

すでに1933年にウイグル人の独立運動は起こり、44年には「東トルキスタン共和国」の独立も宣言されます。しかし49年には、人民解放軍によってこれは解体。しかし同化政策を進める中国に対する反発は収まらず、現在もたびたびテロは起こっています。

チベット、モンゴル、ウイグルのみならず、中国には55の少数民族が暮らし、貧困や差別など、それぞれの問題を持っています。隣の国が現在も抱えている〝歪み〟として、私たちもよくその行く末は見極めていく必要があるでしょう。

第 5 章

日本人が知っておきたい朝鮮半島の歴史

私たちが憧れ、学び、
そして侵略した国

知っておきたいこと

「大国に囲まれた状況」がつくりだした独自な文化

神話によると、天から降臨してきた天帝の孫と、人の姿をした熊の化身の女性との間に生まれた「檀君《だんくん》」が、朝鮮半島の最初の国をつくったとされます。その地こそ「朝に鮮《あざ》やかなる聖なる地」だったわけです。

ところが神話の続きを見ると、この「檀君」のあとを継ぐのは、中国の「殷」からやってきた箕子《きし》という人物です。その実在は定かでありませんが、神に近い存在である民族の王を「中国からやってきた」としていることが、何より朝鮮民族の歴史を大きく特徴づけているような気がします。

現代の韓国と北朝鮮ができるまで、朝鮮半島の歴史はといえば、強大な中国の顔色をうかがいながら、ときには自立し、ときには従属しという繰り返しでした。

その間の王朝も、歴史的にはっきりしているのは、高句麗・百済・新羅の3国に、高麗と李氏朝鮮で、大きな変化はありません。そして世界が変貌を遂げていく近代史はといえば、国として自立する機会がほとんどなく、最後は日本に侵略されているわけです。

これは別に、朝鮮半島の人々が悪かったという話ではありません。立地を見ればわかるように、大陸と地つなぎの上、東の海は日本列島と中国にふさがれている。面積も日本の本州より小さく、南の山岳地帯と北の寒冷地帯で、使える土地も限られています。

この限られた閉鎖的な環境で、「いかにお隣からの圧力をかわして国を維持していくか」が、朝鮮半島に栄えた王朝にとっての大テーマだったわけです。耐久戦のような歴史の中で、日本史とも中国史ともまったく違う、たくましく忍耐強い独自の文化や価値観が生まれるのは当然のことでしょう。

歴史を通じ、日本にとって朝鮮半島は「いちばん近い外国」です。第2次大戦時の占領のみならず、歴史を通じてたびたび摩擦を起こしてきました。

現在でも私たちはたびたび韓国といがみ合い、北朝鮮は解決されない問題を抱える最もやっかいな国です。しかしその先の両国との関係を考えるなら、私たちもこの地域の歴史を知っておく必要があります。

世界史的に小さな範囲に留まり、また政治的に触れにくい問題も多く抱えているため、日本人はあまり朝鮮半島の歴史を学校で学びません。しかし歴史的なトピックは「韓流ドラマ」で見るだけでなく、ときに新聞を賑わす話題にもなります。本章では最低限の基礎知識を押さえておきましょう。

33 日本とも密接な関係だった朝鮮半島の古代史

……朝鮮史の始まりと高句麗、新羅、百済

◉古代、日本と朝鮮半島は、今よりも親密だった!?

朝鮮半島の古代史は、非常に書くのが難しい部分です。というのも、史料が少なく、解釈が自由なところに、日本と韓国、北朝鮮の、政治的な思惑も反映されるからです。

たとえば、「任那《みまな》日本府」という問題があります。

朝鮮半島南部に「任那」という地域があり、『日本書紀』には、ここに日本が統治機関を置いたと記されています。それを証明する考古学的証拠はありません。

しかし日本は戦時中、これを「植民統治の根拠」としました。もちろん韓国は否定する。

この問題は現在も論争が続いています。

じつは朝鮮南部では北九州と同様の古墳も発見され、日本からの移住者がいたことは推定されています。しかしそれ以上に、奈良時代以前の日本は、百済、新羅、高句麗という朝鮮の国から多くの渡来者を迎え、政治的に重要なポジションにもつけているのです。

人類学的に日本人は、それまで列島に住んでいた縄文人に、稲作をもって大陸から移動してきた弥生人が混血してできたと考えられています。朝鮮半島はその経由地ですから、白血球の「ＨＬＡ遺伝子」を解析すると「本土日本人」は、沖縄やアイヌの人よりも、朝鮮半島の人々と共通要素が多くなるとのこと（近藤修監修『日本人の起源』）。

おそらく7世紀くらいまで、日本と朝鮮半島の歴史は重なり合い、朝鮮の3国＋海の向こうの1国で、互いに対立・連携しながら、それぞれの国をつくっていったのでしょう。しかし決定的に異なるのは、朝鮮半島は、すでにはるか以前から無数の国々が激しく興亡を繰り返すような「中国」という地域と接していたことです。

だから国家が生まれたのも早く、紀元前１９５年には、秦に滅ぼされた「燕」から逃げてきた衛満という人物が、伝説的な「箕子朝鮮」からピョンヤン（平壌）の都を奪い、「衛氏朝鮮」を建国したとされます。

「衛氏朝鮮」の実在については何も証拠がありませんが、何度も「漢王朝」と戦い、最終的には滅ぼされたと記録されます。そして漢は朝鮮半島の北部に「楽狼郡」などの行政区を置いて支配するのですが、そんな中国の圧迫下で、朝鮮半島の国々は生まれました。

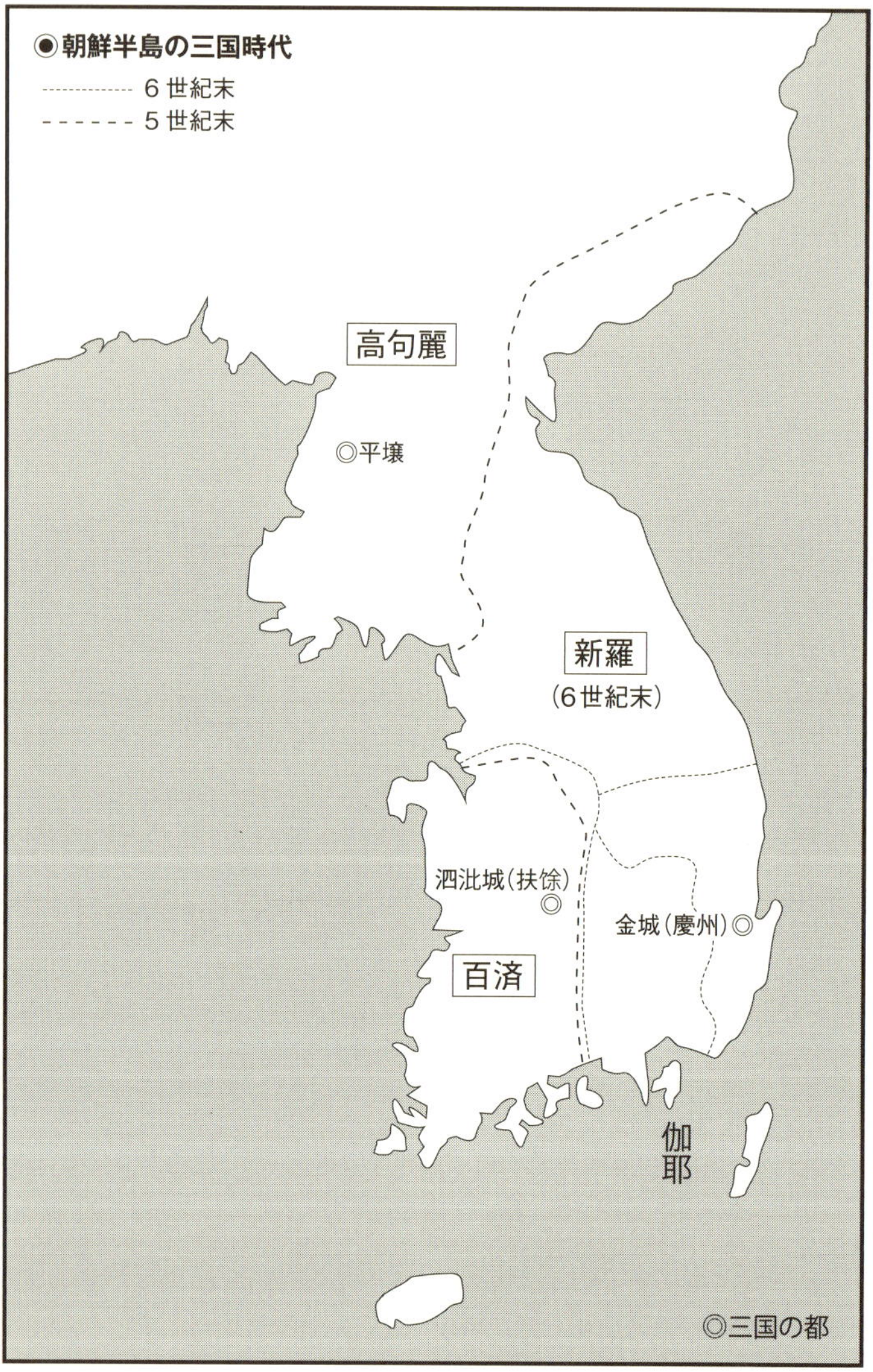

(参考：金 両基『物語韓国史』中公新書)

◉日本も関わった朝鮮の三国時代攻防戦

7世紀までに朝鮮半島の三国時代を築いた国は、次の3つです。

・北　部……高句麗［首都：ピョンヤン］
・南東部……新羅［首都：金城（現在の慶州）］
・南西部……百済［首都：ソウル（漢城）→熊津→泗沘］

その建国の経緯や、いつごろ建国されたかは神話的な伝承が多く、各国の歴史的見解の差もあってよくわかっていません。「三韓」と呼ばれる小国家群が乱立していた時代があったとも、記録には残っています。

いずれにしろ真っ先に国家として頭角を現すのは「高句麗」で、漢の行政区を排除した後、広開土王《こうかいどおう》という有名な王が周辺国との戦争に勝利。最大版図を達成します。このとき彼が「破った」と記している国には、北にいた契丹族に、南の百済、そして海を渡ってやってきたとされる日本（倭《わ》）も含まれています（広開土王碑）。

のち、598年には嬰陽《えいよう》という王が、中国を統一した「隋」の煬帝による侵攻を食い止めています。200万の軍隊を撃退し、隋が滅びる要因をつくったということで、朝鮮の歴史では最大の戦果となりました。

しかし2国を滅ぼし朝鮮半島を統一するのは、高句麗でなく、新羅です。

まず脱落したのは、日本と最も仲のよかった百済でした。

じつは百済は日本と組み、たびたび新羅に侵入していたといいます。防戦一方だった新羅は、善徳女王、真徳女王という二人の女性指導者のもとで軍の強化を行ないました。このとき中心になったのは、「花郎徒《かろうと》」という、〝美しさ〟と〝武芸の能力〟を規準に少年のうちから選ばれ、英才教育をほどこされるエリート武士団でした。

そして、この「花郎徒」出身の将軍、金春秋が「武烈王」として即位すると、中国の唐と結び、百済を滅亡させます（660）。

百済滅亡の報を聞き、怒ったのは同盟していた日本の朝廷です。実権を握っていたのは中大兄皇子（後の天智《てんち》天皇）ですが、日本にいた百済の王子（豊璋王《ほうしょうおう》）を担ぎ、百済の残党とともに国を再建する兵を出します。新羅に協力した唐の水軍と「白村江の戦い」で激突するのですが、結果は日本の大敗北でした（663）。

新羅では武烈王のあと、その息子の文武王が即位。唐との連合で668年に高句麗を滅ぼし、朝鮮を統一。待ったように今度は唐が新羅に干渉するのですが、彼はそれを押しのけて独立を守ります。三国はどの国も仏教を受け入れ、文化的にも共通の価値観を持っていた。だから負けた国の兵も、すみやかに新羅に従ったことが大きかったようです。

34 高麗とモンゴル人の朝鮮侵入
……周辺国に翻弄される朝鮮の国

◉高麗《こうらい》のヒーロー、王建の物語

新羅に滅ぼされた高句麗ですが、その残党だった大祚栄《テジョヨン》は、旧領土に「震国」という小さな国をつくります。やがてこの国は朝鮮半島の北部から、満州にまで広がる「渤海」という巨大な国になって、統一新羅を圧迫するようになりました（7〜10世紀）。

じつは渤海は日本と親密で、奈良から平安まで、交易や交流を続けています。「遣渤海使」も何度も送られました。ここで手に入る毛皮や人参、蜂蜜などは貴族に重宝されます。

それでも200年近く、新羅は太平を守ります。ちょうど中国では唐が滅び、五代十国の混迷期に入ったことも大きかったでしょう。

しかし9世紀末には農民反乱で「後高句麗」と「後百済」が誕生。「後高句麗」では豪族・王建のクーデターが起こり、やはり高句麗を継承する「高麗」が誕生します（918）。

この高麗がやがて朝鮮半島を統一するのですが、伝承では次のとおり。

新羅の離宮を後百済の王・甄萱《けんけん》が襲い、新羅の王・景哀《けいあい》も含め大虐殺されます。王位は弟の敬順王が継ぎますが、後百済と戦うために高麗の王建に協力を要請しました。

このとき颯爽《さっそう》とかけつけた王建のカリスマ性に惹かれ、敬順王は娘を彼に差し出し、彼に降伏。ちなみに決定に不満な王子は、山にこもり、麻の衣で草だけを食べる隠者となり「麻衣太子」と呼ばれたとか。

一方の甄萱は息子に王権を奪われたあと、幽閉になったところを「昨日の敵は今日の友」と王建に助けられる。彼らは2人で息子を討ち、甄萱は出家。高麗の統一は完成します。

ドラマめいた話、どころか実際にドラマ化もされている王建の話ですが、ヒーローはとことん理想化するのが朝鮮王朝の「史書」の世界。英雄のえげつない部分を徹底的に描く、司馬遷伝統の中国とはかなり異なります。

いずれにしろ新羅、後百済は滅亡。高麗の時代が、朝鮮半島では始まるわけです。しかしその歴史は、平和なものではありませんでした。中国北部には「遼」を建てた契丹族が台頭し、やがて渤海を征服（926）。高麗にもたびたび侵入するようになります。

高麗は現在、北朝鮮の国宝にもなっているという「千里の長城」をつくってこれに対処しますが、「万里の長城」と同様、実際の防壁というより〝境界線〟的な意味しか持ちませんでした。しかも契丹のあとには、世界を席巻したモンゴル人が控えていたのです。

◉モンゴル人に逆らい続けた高麗人たち

モンゴルの高麗への攻撃は、チンギス・ハーンのあとを継いだオゴタイ・ハーンの時代、1231年に始まりました。彼らは中国にあった宋を征服するため、日本で産出される火薬の原料の硫黄が欲しい。その前に朝鮮半島は制覇しておく必要がありました。

このとき高麗は、首都を湾内の「江華島」に移し、防戦します。27年に渡って耐えるのですが、最後は降伏。以後、高麗王室はモンゴルから皇女を迎え、王子がハーンの側近として仕える慣習もできました。宮廷もモンゴル風に変わります。

モンゴル支配に対する反発は強く、70年には「三別抄」と呼ばれる、いまでいうところの「特殊部隊」が蜂起しています。

そんな不安定な中で、モンゴル(元)の長となったフビライ・ハーンは、高麗の兵士を大動員して、日本上陸を命ずるわけです。日本側からいえば「元寇」ですが、1274年の「文永の役」は大半が高麗の兵士だったといいます。日本に撃退されたのは、気象条件や鎌倉武士の奮闘のほかに、彼らの士気が十分でなかったこともあるかもしれません。

中国では南宋がモンゴルによって滅び、2回目の元寇を経て、高麗も大人しくしていたのですが、14世紀の恭愍王《きょうびんおう》の時代にスキャンダルが起こります。モンゴルの長となったトゴン・テムル・ハーンという王が、高麗の平凡な貴族の女性をみそめ、彼女を第二皇后にしてしまうのです。「奇皇后」と呼ばれますが、その地位は高麗王より上。彼女の一族は、宮廷内で横暴をはたらくようになります。

そこで恭愍王は、モンゴルの皇帝と皇后に逆らって宮廷の奇一族を一掃、同時に兵をあげて、長く続いた支配への抵抗を開始します。

恭愍王にとってみれば、放っておいても奇一族に権力を奪われます。モンゴルに勝てるとは思えないものの、一か八かの挑戦だったのでしょう。しかし情勢が彼を救いました。モンゴル内で勢力争いが起こったのに重なったうえ、中国では朱元璋の紅巾軍が蜂起。1368年には南京を制圧し、「明」を建国します。

やがて彼らの軍は北へ進み、モンゴル軍を東アジアから駆逐。恭愍王は明に使者を出し、モンゴル軍の追撃に協力しました。

安心した恭愍王ですが、もともとがまとまりのなかった宗教反乱である紅巾軍は、高麗にも侵入。首都の西京が一時は占領されます。さらに宮廷のスキャンダルによって高麗王室の信頼も崩れ、彼は部下によって殺されてしまうのです。

35 世界から取り残された550年王朝

……迷走する朝鮮王朝と豊臣秀吉の出兵

◉韓国ドラマ定番の時代、朝鮮王朝の誕生

日本で「李氏朝鮮」と歴史上でいわれる王朝を打ち立てた李成桂は、高麗の将軍だった人物です。モンゴル軍との戦いで活躍した後、さらに藤経光が率いる日本人の大規模な倭冦を撃退して頭角を現します（1380）。

しかし平穏が戻った高麗では、中国にできた「明」への侵攻を図る一派と、服属を望む一派の対立が起こります。戦力差をよく知る李成桂は、最後には和平派に押される形で王位に就きました（1393）。

国号は「朝鮮」。歴史上の王朝として区別するために「李氏」が前につけられます。翌年にはソウル（漢陽《はんよう》）が新都となり、550年という長期にわたり、韓国ドラマでもお馴染みの「朝鮮王朝時代」が始まりました。その特徴を一言でいえば、徹底的に〝内向きだった〟ということでしょう。

これは中国の宋に比較できるかもしれません。内陸側には強大な明があり、海岸には倭冦の襲来も続きます。その中で彼らは文化重視の平和な統治を進めていこうとします。四代目・世宗の時代につくられた「ハングル」は、その象徴ともいえるものです。

しかし高麗時代から取り入れた儒教と、科挙制を徹底重視したことにより、官僚たちが「両班《やんばん》階級」となって国を支配する、特殊な階級文化が生まれていきます。

一方で仏教は排除され、商業も工業も芸術までも差別されます。長い平和な時期を享受しながら、この国で庶民文化が発達しなかったのはそのためで、中国の宋や日本の江戸時代とは大きく異なっています。

李氏朝鮮で生まれたら、まずは誰もが科挙試験を突破することを目指す。合格すると今度は庶民を見下すようになり、官僚として派閥闘争を繰り広げる。実際に王族までを含んだ権力闘争は絶えず起こり、出世するには陰謀や理不尽な境遇に耐え、ライバルを排除していくしかない。韓国ドラマの名作が多くこの時代から生まれるのは、華やかな舞台の裏で、たえず欲望が渦巻く人間ドラマが実際に行なわれてきたからでしょう。

これらがゆるされたのも、世界史の舞台から隔離されたガラパゴス状態にあったから。ただ海の向こうの日本では、ヨーロッパから鉄砲が伝わり、16世紀には信長・秀吉による国家統一も行なわれました。そして秀吉による朝鮮出兵が始まるわけです。

◉日本武将をことごとく破った海の軍神

唐突に朝鮮を攻めてきたと思われがちの豊臣秀吉の軍ですが、じつは事前に警告もしているし、そもそもターゲットは朝鮮でなく、中国の「明」でした。だから彼は「これから明を制覇するので、協力するように」といった内容の書状を朝鮮の王に送っています。

すでに全国統一を成し遂げた秀吉にとって、明の征服は配下の武将に恩賞を出すために、前々から意図していたことともいわれます。当時、火力兵器数では世界一と推定される日本ですから、あながち無謀ではなかったのかもしれません。綿密な策を練れば、ですが。

一方で李氏朝鮮はといえば、日本に協力しないまでも、「中立の立場をとる」「明に通報する」「海岸で備える」など、策はいろいろありました。ただ結論を言うと、「日本が攻めてくる」という情報自体が正しく伝わらなかったのです。

それは「攻めてくる」という情報を伝えた官僚に対し、それに対抗する官僚が「いや、そんなわけがない」と異を唱え、王がそちらの意見を採用したから……だそうですが、世の中から取り残されて組織が硬直すると、こんなバカげたことも起こるわけです。

そして1592年に、小西行長、加藤清正、黒田長政といった、秀吉の下で大活躍した武将たちが朝鮮半島に上陸。日本では「文禄《ぶんろく》の役」、韓国では「壬辰《じんしん》倭乱《わらん》」と呼ばれますが、備えのなかった朝鮮軍はなすすべもない。秀吉軍はソウルまでを陥落させます。

しかし逃げた国王は明と結び、大国の軍が出兵。彼らは補給路を確保できていない秀吉軍の弱点を突き、武将たちの軍を孤立させます。

同時に李氏朝鮮にも、救世主が現われました。それが現在、韓国で知らない者がいないという国民的英雄、「李舜臣《りしゅんしん》」という人物です。

「水軍を率いさせたら、この人しかいない」というくらいの名将とされる李舜臣ですが、このときは権力闘争の結果、濡れ衣を着せられて一介の兵士身分にされていたといいます。

しかし緊急時に、王は彼を将軍として再抜擢。すると奇襲攻撃をかけ、使い古しの12隻で豊臣軍の133隻の船団を壊滅させたり、「亀船」という前方向に砲台を備えた船を活用したりと、海上の日本軍に大被害を与えました。彼は「慶長の役」で戦死しています。

結局、「これ以上、戦えない」と判断した小西行長は、和平交渉を演出して、本国に帰国。交渉が通らないと知るや、秀吉は第二の出兵をしますが（慶長の役・丁酉《ていゆう》倭乱、1597）、彼の死去により軍は撤退。日本にとっては、民間人を虐殺し、恩賞目当ての「鼻削ぎ」をし、本国への拉致を行ないと、汚点ばかりを残す歴史的事件となりました。

36 清に日本、侵蝕される朝鮮半島
……日本への抵抗につながる「反支配」の発想

◉清国への従属と日本の侵攻

汚点を残した朝鮮出兵でしたが、関ヶ原の後、徳川家康は李氏朝鮮と和解。日本へ強制連行された朝鮮人の帰国を約束するとともに、1607年からは「朝鮮通信使」という使節の往来も始まります。

秀吉の出兵で日本に連れさられた朝鮮人は5万人ともいわれますが、中には日本に残って活躍した人間もいました。港区白金台にある覚林寺、通称「清正公《せいしゅうこう》」は、加藤清正に連れてこられた王族の子が、やがて日蓮宗の僧侶になって開山した寺とされます。

日本とは和解したのですが、今度は新しい脅威が北方に生まれます。後に「清」を建国する女真族ですが、その出身は満州で、朝鮮半島に接した地域です。

彼らは中国に進出する前にこの国を落としておこうと、二代目ホンタイジの代に李氏朝鮮に侵入。1636年にはソウルを包囲して、完全に朝鮮を属国化します。このとき朝鮮の国王は、ホンタイジの前で「三度跪《ひざまず》き、頭を地面につけて土下座する」という屈辱的な儀礼をさせられたそうです。

こうして清の属国になったまま、李氏朝鮮はその後２００年以上の長い歴史を変わらない体質のまま続けますが、その間にヨーロッパ列強国が清へ進出し、日本では明治維新が起こります。その日本は早くから朝鮮半島に目をつけていました。これが西郷隆盛らが唱えた「征韓論」です。

「征」というといかにも侵略するかのようですが、隆盛が考えていたのは「開国してもらう」ということ。必ずしも征服までは考えていません。すでにアメリカは何度か李氏朝鮮に開国を迫っていましたが、宮廷は無視して鎖国を続けていた。それならば、かねてから通信使の往来のある日本が説得しようということでした。

だから明治時代になってすぐ、日本は王政復古したことを朝鮮に知らせますが、朝鮮側は天皇の「皇」の字を取り上げて、「この字を使えるのは宗主国である清の皇帝だけだ」と抗議。日本の公館に侮辱する旨の張り紙も貼られ、関係は険悪になります。

よって日本の強硬派は、江華島《こうかとう》沖で軍事衝突を起こし、軍艦を出して強引に「日朝修好条規」を締結させるのです（１８７５）。内容は清の宗主権を否定するだけでなく、日本の治外法権（朝鮮で日本人が犯罪をしても、朝鮮は裁けない）や関税自主権を認めない不平等なもの。隆盛もこれには批判的でした。

◉日本による併合までの道のり

4章でも述べましたが、19世紀末というのは欧米の列強国が、自国の利益のために世界中に支配領域を広げていった時代です。それが「帝国主義」ですが、遅くなって近代化した日本にとって見れば、「征服される国」でなく「征服する国」を目指すのは各国とわたり合うための戦略でした。いい・悪いの問題ではありません。

逆に清国はといえば、すでにアヘン戦争以後は「征服される国」に成り下がり、国内も統一がとれずに分裂寸前だったわけです。

その中で朝鮮はといえば、やはり日本のように近代化を目指すか（開化派）、伝統どおり清国についていくか（守旧派）で、割れていました。たえず軍事衝突は起こり、そのたびに開化派を利用しようとする日本と、守旧派を守ろうとする清が介入します。王宮内も王である高宗の妻だった閔妃《みんひ》と、高宗の実父の対立などがあり、非常に揺れ動いた状態にあったのです。後に閔妃は暗殺され、その首謀者は現在も論争の的になっています。

こうした混乱の中で、不満が高まっていた民衆が蜂起。首謀者は「東学党」という宗教結社でした（甲午農民戦争・東学党の乱、１８９４）。

李氏朝鮮の王・高宗は清に鎮圧を要請、対して日朝修好条規に基づき、ときの伊藤博文総理も出兵。むしろ国のピンチを招くことを恐れた東学党は軍を引き上げてしまうのですが、日本は「朝鮮の内政改革を手伝う」ということで残り続ける。そして「朝鮮が自立するためには、清を排除することが必要だ」という理屈で、日清戦争が始まるわけです。

清を治めていた西太后や、この戦争のほとんどを自軍で戦った李鴻章が、最初から戦争に乗り気でなかったことは4章でも述べました。95年に下関条約が結ばれ、李氏朝鮮は完全に清と切り離された自立国……になりますが、事実上は日本の植民地になったということです。朝鮮にとっては迷惑な話でしかありません。

その2年後に李氏朝鮮は「大韓民国」と名を改め、日本がロシアとの戦争に勝ってさらにこの地域への支配力を増すと、1910年に正式に朝鮮半島を併合（韓国併合）。国王・高宗は退位させられ、あらゆる行政権や司法権、それに鉄道、土地、金融の権利は日本が所有することになります。

李氏朝鮮もずっと平和だったわけではありませんが、550年の王朝を滅ぼされたうえ、以後は日本のアジア戦争に参加させられるのです。恨みを残したのは当然のことでしょう。

37 韓国と北朝鮮は、どのようにして生まれたのか?

……日本の支配と朝鮮戦争

◉日本の占領と、戦後も解放されなかった朝鮮半島

日中戦争が始まると、日本は朝鮮半島に対し「皇民化政策」を押し進めていきます。その程度には現在も議論がありますが、日本の神社をつくり、日本風の姓名への改変を推奨し、学校で日本語を学ばせるといった具合です。

同時に戦争が激化するにつれ、労働者の工場や鉱山への強制動員。さらには戦争末期の44年には、朝鮮半島での徴兵制も実施されます。

すでに日本はアメリカとの戦争で消耗し、本土の国民にも負担を押しつけていた頃。だからといって、本来は朝鮮の人間にまるで関係のないことです。当然ながら日本に対する不満も高まっていきました。

押さえつけられていた朝鮮半島の外では反攻も始まっており、満州ではいくつかの抗日パルチザンが活動。その1人は後に北朝鮮をつくる金日成でした。さらに中国でもビルマ

でも、朝鮮からの義勇兵による坑日軍がつくられています。

ただ一方で日本のアジア進出を1つの機会ととらえ、満州へ渡って事業を起こしたり、移住して農地を開拓する人々もいました。また日本軍の組織に入り、将校として出世することを目指した朝鮮人もいます。「李氏朝鮮」という狭い世界が崩壊し、野望に向かってひたすら突き進んでいたような日本に組み込まれたことは、よくも悪くも朝鮮の人々に、たくさんの選択肢を与えたわけです。

ただ、日本軍が1945年8月15日に無条件降伏したとき、朝鮮半島の人々にとって不幸だったのは、すでに新しい脅威が始まっていたことでした。

それは降伏の6日前に、分け前を奪うような形で参戦したソ連です。彼らはボロボロになっていた満州の日本軍を駆逐しながら、そのまま朝鮮へ侵入。日本の降伏におかまいなく、ピョンヤンに入城して軍政部を設置してしまいます。

45年12月には、モスクワにソ連、アメリカ、イギリスの外相が集まり、日本やドイツの旧占領地に対する方針を決めるのですが、これで朝鮮半島は「分割統治」ということになってしまうわけです。

もちろん「信託統治のあとに、朝鮮半島を統一した政府をつくる」という予定にはなっていました。ただ戦後、世界を二分するアメリカとソ連は、どちらも〝自分が望む国をつくりたい〟と譲りません。それが朝鮮戦争へつながっていきます。

◉今も続く「韓国」と「北朝鮮」の戦争

戦後に始まる冷戦で、ソ連を率いたのはスターリンです。そのイメージは、民衆に徹底した共産主義思想を刷り込ませ、従わないものは粛正し、強制労働所などに送りこむという恐怖政治でしょう。

すでに見たように、毛沢東政権の中国でも同じことが行なわれていますし、現代の北朝鮮でも少なからず行なわれています。だから対峙するアメリカなどの自由主義国では、共産主義の思想が広まらないように〝赤狩り〟という逆弾圧を行なう……。

戦後まもなくを支配したのは、こういう空気だったわけです。今の「ネトウヨ」や「サヨク」のような争いと違い、言いがかりで逮捕され、場合によっては命も危険になる。そんなことが多かれ少なかれ、世界各国で起こっていました。朝鮮半島はその犠牲になった地域であり、朝鮮戦争の間は日本で「特需」も起こりましたが、その間に行き過ぎた共産主義弾圧も起こっています。日本人はそのことを知っておくべきでしょう。

朝鮮半島を支配したいソ連が、指導者に選んだのが金日成です。彼は満州で抗日運動をしてきた伝説的英雄……ですが、じつはその実体はよくわかっていません。当時から「若すぎるのでは？」という偽物疑惑もあったそうです（萩原遼著『朝鮮戦争』文春文庫）。

一方で南側では、48年にアメリカのバックアップで「大韓民国」が誕生。すなわち「韓国」ですが、初代大統領はアメリカで日本に対する独立運動を続けてきた李承晩です。これに対して金日成は、49年に「朝鮮民主主義人民共和国（北朝鮮）」の成立を宣言しました。

そして50年から「朝鮮戦争」が始まるのですが、北朝鮮にいわせれば「先に韓国が攻撃してきた」、韓国にいわせれば「北朝鮮から攻めてきた」で、ハッキリしてはいません。ただ、実際を見れば北朝鮮軍が不意を打つようにソウルへなだれ込み、開戦4日目でソウルを占領しています。

この占領軍は、祝勝会をしたり、ソウル市街でショッピングをしたりと、あまり緊張感がなかったようです。なぜ予測しなかったのか、当然アメリカ軍は韓国を助けるために介入し、マッカーサー司令官が率いる大軍も上陸します。1年も経たないうちに、今度はアメリカと韓国の連合軍にピョンヤンが占領されました。

しかし逃げた金日成の軍に、今度は毛沢東の中国が協力します。戦争は53年にようやく「休戦」。現在も38度線を睨んで、両者の交戦状態は形の上で続いているわけです。

第 6 章

学校では学ばない「東南アジア史」入門

日本とも密接だった
「マンダラ地域」の秘密

知っておきたいこと

日本とも深い関わりを持つ多民族地域の海洋ネットワーク

東南アジアの歴史……といわれても、「あまりピンと来ない」という方が日本人には多いのではないでしょうか？

イメージするのは、たいていは第2次大戦時の日本の進駐だったり、ベトナム戦争だったり、あるいは近年のシンガポールやマレーシア、あるいはベトナムの経済発展でしょう。それ以前の歴史は知らない人が多いでしょうし、そもそも学校でもあまり習う機会がありません。

しかし複雑な地形が生んだ多岐にわたる自然環境と、この地域に居住する多数の民族によって、東南アジアでは古くから輝かしい歴史が育まれてきました。ときには重なり合い、影響し合った国々の歴史は、よく「マンダラ」にも喩えられます。

そしてこの地域は、じつは日本とも深く関わってきたのです。それは大戦時の侵略よりずっと以前から。

たとえば奈良時代の歌人として知られる阿倍仲麻呂は、唐へ向かう船が流され、中国の支配下にあったベトナムに漂着しています。地勢をよく知った彼は、ベトナムの反乱を鎮圧する将軍として、唐の依頼を受けてこの地へ赴任しました。

もっと有名なのは江戸時代の山田長政で、彼はタイにあったアユタヤ王朝へ渡り、この地に日本人町までつくりました。

さらに加えると、「倭寇」と言われた日本人の海賊、あるいは貿易商たちは、古くから南シナ海を行き来し、インドネシアやベトナム、あるいはフィリピンなどの島々にテリトリーを広げています。海に向かって開かれたアジアには、日本や中国も含んだネットワークがつくられていたわけです。

近い距離にある中国、韓国とは、つねに政治的な問題を抱え、濃くなったり薄くなったりの関係を繰り返している日本です。そんな情勢下で、東南アジアとのビジネスにおける親密度は、よりいっそう深まることが予想されます。

だから私たちにとって、中国や韓国ばかりでなく、馴染みのないこの地域の歴史を知ることは、とても重要でしょう。

とはいえ2002年に生まれた東ティモールを加えると、現在11の国がある東南アジアです。そのすべてをここで網羅することはできませんが、本書ではビジネスパーソンに役立つ基礎知識となるよう、頁のゆるす限りで歴史を記していきましょう。

38 ベトナムの歴史～大国とわたり合った南の王朝

……日本よりも古い歴史を持つ南海の国

◉独立戦争を繰り返した勇者の王朝

東南アジア諸国でも、歴史を通じ中国と密接に関わってきたのがベトナムです。

そもそも「ベトナム」という言葉自体、中国語の「越南《えつなん》」という国名から取ったもの。とくに「ハノイ」がある紅河（ソンコイ川）流域に生まれた国家は、「大越」とか「南越」などと呼ばれながら、中国王朝との攻防を繰り返します。

紅河流域の歴史は古く、伝承ではフン・ヴォンと呼ばれる龍の血を引く王が国をつくったといわれます。考古学的にも紀元前9世紀くらいには「ドンソン文化」と呼ばれる有名な新石器文化が栄えています。

しかし中国に王朝文明が生まれると、長くこの地は中国王朝の支配下に置かれていきます。阿倍仲麻呂が着任したのもそんな時代ですが、ベトナム王朝は、その中国に抵抗し、何度も独立を勝ち取ることで歴史をつくっていくわけです。

ゴ（呉）朝（938）……「五代十国」の時代に、ゴ・クエンが後漢を破って誕生
ディン（丁）朝（966）……ディン・ボ・リンが「宋」と結んで国家統一
前レ（黎）朝（979）……レ・ホアンが「宋」を破って独立
リ（李）朝（1009）……再び「宋」の進軍を王位を継いだリ・コン・ウアンが撃破
チャン（陳）朝（1225）……モンゴル（元）の侵入をチャン・タイ・トンが阻止
レ（黎）朝（1428）……レ・ロイと将軍グエン・チャイが「明」からの独立を獲得

王朝交代時には血も流れているのですが、そのたびに中国の王朝が介入し、事実上の征服もしているわけです。その中国に対しベトナム人の反動も必ず起こりますから、これだけ独立戦争を繰り返した文化も、世界にはなかなか存在しないかもしれません。

そもそも紅河流域のデルタ地帯は洪水が多く、堤防をつくり、灌漑を整備しなければ、農作ができません。だから古くから地域の人々が結束し、ちいさな「ムラ」を中心に独立意識の高い文明をつくってきました。

その中で代表となる王は、事業を補助したり、ときには自ら労働に参加したりして、民衆との一体感を育んでいきます。

日本の「仮名」のように、この国でも「チュノム」という漢字を利用した文字が誕生。そして日本の武士のように、王や将軍が自ら詩をつくり、独立戦争時には民衆を鼓舞するこ

ともしてきました。こうした民族意識が、後にフランスや日本の支配への抵抗や、ベトナム戦争時にアメリカ軍を撃退する強さにつながっていくわけです。

◉海上貿易の国とフランスの占領

北部のベトナムが激しい歴史を繰り返した一方、南側には「チャンパ」という独特な国が、2世紀以前から17世紀という長きにわたって栄えていました。

なにが独特かといえば、この国は統一国家でなく、ギリシャのような「都市国家」の連合体だったと考えられています。その中心はベトナム中部の「フエ」という都市にあったようですが、海洋民族だった彼らは、インドや、イスラム諸国、また中国や日本との中継交易を担い、海のシルクロードで大活躍するわけです。日本の朱印船も、たびたびここを訪れています。

チャンパの滅亡は、北側のベトナムが南進した結果と考えられているようです。古くからベトナム王朝とチャンパ、それにカンボジアの王国は対立関係にありましたが、16世紀にベトナムはグエン(阮)氏、マック(莫)氏、チン(鄭)氏の国に分裂、200年にわたる抗争の時代に入ります。

これに中国の「清」が干渉するのですが、これをグエン・フエが撃破し、清にベトナムの王として承認されます（阮朝）。そして彼の子の代になり、グエン・フック・アインがチャンパの地域までを含めた全ベトナムを統一するのですが（1806）、このとき力を借りたのは、宣教師をこの地に送り込んでいたフランスでした。

ヨーロッパ帝国主義がインドや清に及んでくると、これを恐れたグエン朝の二代目皇帝ミンマンは、キリスト教弾圧政策をとるようになります。そこでこの地に宣教師を送っていたフランスは、47年に軍艦を送って脅しをかける。さらにナポレオン三世の時代になると帝国主義路線を強め、ベトナムを中国との通商の入り口にすることを目論んだのです。

そして58年から始まる戦争で、この地はフランスの「コーチシナ」と呼ばれる植民地に組み込まれます。87年にはカンボジアなどを含んだ「仏領インドシナ」が誕生。

ただ、フランスからの独立運動は止まず、その中には協力者を募るために明治維新後の日本へ渡ってきたファン・ボイ・チャウのような人物もいました。彼は慶応義塾に倣って、トンキンに「東京義塾」を設立しています。

こうした流れの中から革命家「ホー・チ・ミン」が登場するのですが、彼らがフランスを押しのける前に、ベトナムを占領したのは日本軍になりました。

39 タイの王朝に学ぶ生き残り戦略

……なぜ東南アジアの小国が列強の侵略をくぐり抜けたのか？

◉タイの王朝、その強さの秘密

インドシナ半島のビルマ、タイ、カンボジアに栄えた国々は、「マンダラ型国家」の典型とされています。それは「領土」という概念を持たず、たくさんの共同体が、一番強い都市のもとに従属するような形の国家です。

そんな国々の遺産として最も有名なのは、カンボジアのアンコール・ワットでしょう。これは9世紀に王朝を建てたクメール人が、12世紀に建てたヒンドゥー教寺院。後に仏教寺院になりましたが、それ以前から「真臘《しんろう》」と呼ばれた国も存在し、あれだけの石造建築をつくれるだけの文明を築いていました。

一方でビルマには、モン族と呼ばれる人々が定着し、お隣のインドの影響を受けた文明が栄えています。7世紀に誕生したドゥヴァーラヴァティー王国は、ビルマを越えて、タイにまでその領域を広げています。

これらの民族に遅れて、中国から南下してきたのがタイ人です。13世紀には「スコータイ王朝」が、タイの全土を統一しました。

遅れてきたタイ人ですが、後にヨーロッパ諸国が東南アジアを侵略したとき、ただ一国、独立を保ったのがタイだったのです。しかも日本を除けば、アジアで第2次大戦を乗り越えて独立を保ち、現在まで王国を維持しているのはこの国くらい。それを達成したのは、長い歴史上で一貫した臨機応変な外交戦術と、人材活用の巧みさでしょう。

なんぜタイの歴史では、それぞれの王朝の王が、重要な場面に能力のある外国人を活用しているのです。なかなかこれは他の国にないことです。

筆頭にあがるのは、アユタヤ王朝（1351～）で活躍した、日本人の山田長政。数々の歴史遺産を残すアユタヤ朝ですが、一貫してビルマやカンボジアのアンコール朝（1431年に滅亡）と交戦状態にありました。そんな中で長政は武将として用いられる……。

といっても日本にいたときは〝籠運び〟だったそうですが、信頼された彼は、ソンタム王から「オークヤー・セーナーピムック」というタイ名ももらっています。

一方で17世紀になると、アユタヤ朝にもヨーロッパ諸国が押し寄せるようになります。このときイギリス、オランダ、フランスという強国に対し、それぞれの利害を計算しながら独立を守ったのが、ナーラーイ王に雇われたギリシャ人、コンスタンティン・フォールコンでした。しかし彼は王の失脚とともに、後継者によって処刑されてしまいます。

なお、アユタヤ朝は1767年にビルマに滅ぼされますが、新しくトンブリー朝（68）を建てたのも、アユタヤの大臣に用いられた中国人、タークシンという人物でした。

◉日本軍までを〝利用〟した、チャクリー朝の外交戦術

1782年にタークシン王を打倒し、ラーマ1世による「チャクリー朝（ラッタナコーシン朝）」が始まります。現在も続いているタイの王室の始まりです。

ますます帝国主義が加速していく時代。しかし彼らの柔軟さは変わりませんでした。

1824年に始まるイギリスとの戦争で、ビルマは英国の植民地となります。タイもイギリスと通商を自由化しますが（バーネイ条約）、彼らの考えを学ぶ必要があると考えたのがモンクット（ラーマ4世）です。

彼はイギリス人女性のアンナ・レオノーウェンズを家庭教師に雇い、外国の知識を学ぶ教育を取り入れます。彼女の伝記は、ミュージカル『王様と私』になりました。

やがてモンクットは、イギリスと不平等条約である「バウリング条約」を結び、日本が強いられたような「治外法権」「完全自主権の撤廃」などを強いられます。

このままではイギリスに国を乗っ取られる。国王が選んだ思いきった策は、タイが宗主

国のようになっていたカンボジアやラオスを、ライバルのフランスに渡してしまうというもの。カンボジアはアンコール国家が滅んだあと大きな権力は出てこない。ラオスもラオ人の小国が分裂した状態です。一方でフランスはベトナムに侵出し、インドや清を押さえるイギリスに対抗しようと、仏領インドシナ建設を急ぎ、タイも圧迫していました。

こうして67年にカンボジアとラオスは仏領になりますが、一方でビルマは英国領。タイは「緩衝地帯」ということで、両国の中立地帯となったわけです。

その間に、タイは急速な近代化。モンクットのあとを継いだチュラーロンコーン王が、「チャクリー改革」と呼ばれる欧米式の国づくりを始めます。このときも大勢の外国人を活用し、法学者だったベルギー人のギュスターブ・ロランジャックマンは王の片腕となり、大勢の日本人も官僚として採用されました。

その後、第1次世界大戦が始まると、彼らは参戦し、国際社会の一員であることをアピール。1932年に立憲君主国になり、第2次世界大戦が始まると、今度は「日本軍」を上手に使います。つまりインドネシアに進駐してきた日本軍に〝協力させられる〟形で、フランスなどに割譲されていた地域を取り戻し、一方でアメリカに使節を送り、戦後には連合国の一員として地位を保ったわけです。後の経済成長は、その結果、生まれました。

40 「海のシルクロード」の興亡史
……マレー半島、インドネシアの歴史と大航海時代

◉海のシルクロードに登場した国々

「海のシルクロード」という言葉は聞いたことがあるでしょう。すでに1章で登場しました陸上のシルクロードに対し、東方と西方を海で結んだ、海上の交易路を指していいます。具体的には西方からインドを越えて、マレー半島へ、マラッカ海峡から現代のシンガポールを越えて、それからベトナム沿いに中国へ……というルートですが、すでに紀元前後という時代から、この航路を使った交易は始まっています。何より大陸沿いに船を進めるわけですから、中継地となる港さえ確保できれば、帆船でも十分に長距離航海が可能だったわけです。

中国だけでなく、東南アジアにも香辛料や象牙、金や宝石など貴重なものがあります。現在のマレーシアやインドネシアなどにあった港湾都市は、中国やインド、後にはイスラムの商人が行き交うようになり、文化的に発展していきます。

その中から強力な国も起こってきました。すでに1世紀のころにはタイ南部からマレーシアまでを支配した「扶南《ふなん》」という国が繁栄していますし、ベトナムのところで述べた「チャンパ」も、そんな港湾都市の1つでした。

そして7世紀になると、マレー半島からスマトラ島にかけて「シュリーヴィジャヤ」という王国が建国。その起源はよくわかっていませんが、首都はスマトラ島のパレンパンにあったとされ、タイの南部にまで勢力を広げる大きな国になっています。

シュリーヴィジャヤはインドとの関係が深く、国民はヒンドゥー教や仏教を信仰。671年には、三蔵法師と違って「海のシルクロード」を使ってインドを訪れた唐の僧、義浄がこの地を訪れています。

その後、8世紀になってジャワ島に誕生し、シュリーヴィジャヤを支配下においたのが、「シャイレンドラ王国」です。この国のことはあまりよくわかっていませんが、世界遺産になっている「ボロブドゥール寺院」など、豊かな仏教文化を残しました。

シャイレンドラに代わったのは、中国で「三仏斉《ぶっせい》」といわれたマラッカ海峡にまたがる国ですが、10世紀からはクディリ、シンガサリ、マジャパヒトと続くジャワ島のヒンドゥー教の王国が登場します。しかし15世紀にはイスラム教に改宗したマレーシアの「マラッカ王国」が勢力を伸ばし、インドネシアへもイスラム教を浸透させていきます。

◉大航海時代の「海のシルクロード」

イスラム教に代わり、海のシルクロードを牛耳ったのが、ヨーロッパの航海者たちです。大航海時代といえば、コロンブスのアメリカ大陸発見をイメージする人も多いでしょうが、先鞭《せんべん》をつけていたのはポルトガルが開拓してきたアフリカを回ってアジアに到達するルートです。１４７７年に航海者のバーソロミュー・ディアスはアフリカの喜望峰にたどりつき、98年にヴァスコ・ダ・ガマがそこを通ってインドにまでたどり着きました。

15世紀までの世界において、海を支配していたのはイスラムの国々。アフリカを回ったり、大西洋を越えようとしたのは、彼らが支配する地中海を避けたためであり、究極的にはアジアとの貿易を担うだけでなく、イスラムから海の支配を奪うことが目的でした。そもそもスペイン、ポルトガルといった国々は、イスラムが支配していたイベリア半島から、キリスト教徒が国土を回復して生まれた国だったのです。

だから彼らの航海は、決して平和的なものとはいえませんでした。艦隊を送り、現地を征服し、そこに拠点をつくります。１５０８年にインド総督となったポルトガルのアルブケルケは、インドのゴアを占領して拠点を築いたあと、イスラムの「マラッカ王国」を征服して東方へのルートを確保。後にザビエルらが日本に来る道が開かれました。

（参考：桃木至朗『歴史世界としての東南アジア』山川出版社）

ポルトガルはインドネシアへの進出を目指しますが、こちらはブルネイやマタラム王国など、イスラム教の国が乱立し、華僑商人も多くなっており、なかなか制海権は握れません。辛うじて東に置けた拠点は、明朝から平和的に居留権を得たマカオだけでした。

一方でポルトガルのライバル、スペインは、１４９２年にコロンブスがアメリカを発見し、１５１９年にはアメリカを越えてきたマゼランがフィリピンにたどりつきます。ちなみにマゼランはポルトガル人ですが、援助したのはスペインです。

当時のフィリピンはといえば、世界から取り残された状態で、まだ先住民の小さな国があるだけ。マゼランはピサヤ族のセブ王国に銃器などをもって服従を迫るのですが、勇敢だった部族長のラプ＝ラプに、逆に殺されてしまいます。ただ67年にはスペインが艦隊を派遣して群島を制覇。70年にはマニラを制圧して完全な植民地にします。この国がキリスト教国なのはそれが理由です。

17世紀になると、オランダの東インド会社がマレーシアやインドネシアに進出。ポルトガル人を追い出して、海の貿易を独占します。しかし、19世紀にはイギリスが侵出し、マレーシアを獲得。やがて交易路としての海のシルクロードの地位は衰えていきました。

41 支配からの脱出とベトナム戦争

……軍事政権や共産主義国家はこうして生まれた

◉ヨーロッパ帝国主義と日本の占領

日本が明治維新を迎える1868年のころ、東南アジア諸国に目を転じると、次のような列強支配が確立していました。

ビルマ、マレーシア（シンガポール）……イギリスが支配
ベトナム、ラオス、カンボジア……フランスが支配
インドネシア、ブルネイ……オランダが支配
フィリピン……スペインが支配

1898年にキューバの独立をめぐって争われたアメリカとスペインの戦争（米西戦争）で、フィリピンはアメリカに売却されています。いずれにしろ、タイを除けば、全領域が列強国の帝国主義支配を受けている状態だったわけです。

4章と5章で見たように、近代化を成し遂げた日本は、まず朝鮮半島と台湾を征服し、

1937年からの日中戦争で中国へ侵攻していきます。しかし南京を落とすものの戦争は長期化し、アメリカからも経済制裁を受ける。日本は資源を確保するため、植民地化していた東南アジアに目をつけました。

40年に日本は、フランスが同盟国のドイツに占領された機会を利用してインドシナ植民地に侵攻。続いて真珠湾攻撃と同時並行で、マレー、フィリピン、インドネシア、ビルマも陥落させてしまいます。ただし占領地を拡大したことが国力強化につながったかといえば、そうなりません。45年に日本はアメリカに降伏し、すべての地域を手放します。

これで東南アジア諸国は解放されたかといえば、必ずしもそうではありません。帝国主義から日本の占領時代を通し、多くの国で自立を求める運動は起こり、抵抗軍のリーダーとなった指導者を中心にした独立気運は高まっていました。

しかし日本が去ったあと、支配を取り戻そうとする旧支配国の思惑もあれば、世界を二分した大国アメリカと共産主義圏を拡大しようとするソ連の思惑もあります。戦後に生まれていく東南アジアの独立国が豊かになるには、これら多くの問題を乗り越えねばならなかったし、今なお問題を残している国も数多くあります。その意味で日本を含めた列強国が残した傷は、とても大きかったといえるでしょう。

◉ホー・チ・ミンとベトナム戦争

戦後に最も大きな困難を抱えた国に、アメリカと戦争することになったベトナムがあります。その主役は、植民地時代から革命運動を続けてきたホー・チ・ミンでしょう。「ホー・チ・ミン」というのは本名でなく、中国で名乗っていた名前。本名は「グエン・タト・タイン」で、それ以外に何十種類もの名前を持っていたとか。たくさんの名前を使い分け、世界中を放浪してベトナムの独立運動を展開しました。

共産党員になった彼は、「インドシナ共産党(旧ベトナム共産党)」を結成し、フランス政府から逃げながら独立運動を続けます。やがて第2次大戦が勃発し、日本がベトナムに進駐すると、中国経由でベトナムに戻り「ベトナム独立同盟会(ベトミン)」を結成。日本軍へのレジスタンスを開始します。とはいえこの期間、彼は同盟を得ようと赴いた中国国民党に監禁され、牢獄で過ごした期間が長かったようです。

日本の敗戦が濃厚になったころホー・チ・ミンはベトナムに戻り、日本がポツダム宣言を受諾すると、すかさず「ベトナム民主共和国」の独立を宣言します。日本軍が立てた傀儡の元首である「バオ・ダイ王」は、このとき退位しました。

しかし、もとの支配国だったフランスはこれを認めず、46年から第1次、第2次と続く

「インドシナ戦争」が勃発します。フランスはアメリカの力を借りますが、ホー・チ・ミンのベトミンはラオスとカンボジアの国民戦線とも合同。やがて「ディエンビエンフーの戦い」（１９５３）で敗北したフランスは、ベトナムの南北でとりあえずは軍を分け、３年後に総選挙を行なって国の方針を決めることで合意します。

ところがこれを良しとしなかったのがアメリカで、当時のアイゼンハワー大統領とダレス国務長官は、後に「ドミノ理論」と呼ばれる強固な反共産主義政策を掲げていました。それは「一国が共産化すれば、動きは隣接国に及ぶ」というものです。

よってアメリカは55年に、ベトナムの南側に「ベトナム共和国」を建設。ゴ・ディン・ジエムを大統領とし、北側のベトナム民主共和国と対峙するとともに、南側国内の共産主義者の粛清を図ります。やがて60年には南ベトナムに、ホー・チ・ミンが支援する「南ベトナム解放民族戦線（ＮＦＬ）が誕生。61年に就任したケネディ大統領は軍事介入を強化し、以後15年にわたって泥沼化した「ベトナム戦争」になるわけです。

最後はアメリカがベトナムを放棄し、南北を統一した「ベトナム社会主義国」が成立。その前にホー・チ・ミンは死去していますが、近年は共産主義体制の「ドイモイ（刷新）政策」で経済発展を続けているのがよく知られたことでしょう。

42 シンガポールの成功と戦後に始まる新しいアジア

……〝世界一魅力的な地域〟と日本人はどうつき合うか？

◉東南アジア各国ができるまでの歴史

タイ、ベトナムを除く他の東南アジア諸国が、戦後どのように誕生したのか？　簡単にその経緯をまとめてみましょう。

・フィリピン……46年にアメリカの軍事基地使用の意図もあり独立、65年のマルコス独裁政権を経て、86年のエドゥサ革命でアキノ政権が樹立

・インドネシア……オランダとの独立戦争を経て、49年にスカルノ大統領のもとで独立。ただし国内では反乱も続き、68〜98年のスハルト独裁時代には厳しい弾圧も行なわれた。２００２年には東ティモールが独立

・ブルネイ王国……84年にイギリスから正式独立、豊かな自然を背景に、所得税無料、医療費・教育費無料の独自性を貫いている

・マレーシア……47年に「マレー連邦」としてイギリスから独立。63年に北ボルネオ、サ

ラワク（ボルネオ島）、シンガポールと合併してマレーシアとなる。シンガポール独立後、マハティール首相のもとで経済発展

・カンボジア……53年にベトナムがフランスと和解したときに、王国として独立。しかしベトナム戦争時にカンボジア内戦が勃発し、70年にはシハヌーク国王を追放して「クメール共和国」が成立。75年にポル・ポトがクーデターを起こし、「民主カンプチア」をつくり、国民の3割を殺したともされる大虐殺を行なう。その後もベトナムとの戦争など安定しない状態が続いたが、92年にはシハヌーク国王が復帰し、再び「カンボジア王国」となっている

・ラオス……53年に独立するが右派と左派の内戦が続き、ベトナム戦争後の75年に「ラオス人民民主共和国」を樹立。長く共産主義体制を続けたが、90年代にはベトナムを真似た「チンタナカーンマイ（新思考）政策」を掲げ、経済成長を続けている

・ミャンマー（ビルマ）……47年に国民軍を率いて日本と戦ったアウンサンとの協定で独立し、48年にビルマ連邦が誕生。62年にネウィン将軍の軍事クーデターが起こり、以後は軍事独裁政権、89年には国名を「ミャンマー」に変えている。一方でノーベル平和賞受賞者となったアウンサンスーチーは「国民民主連盟（ＮＬＤ）」を結党して、非暴力による抗議運動を開始。10年以上の自宅軟禁から解放され、２０１５年に行なわ

れた選挙ではＮＬＤを第一党に押し上げ、２０１６年には側近のティン・チーを大統領とする新政権が樹立する運びとなる

長く問題視されていたミャンマーも、現在はアウンサンスーチーとの和解によって、国際社会に復帰する兆しです。経済成長が続く各国ですから、東南アジア地域には仕事や観光で行く機会も多くなっていくでしょう。それぞれの国の歴史と現在は、行く前にぜひチェックしていきたいものですね。

最後に戦後この地域で生まれた国家であり、一番成功した国。シンガポールの歴史にふれておきましょう。

◉なぜシンガポールが世界で最も裕福な国になったのか？

シンガポールというのは、最後にイギリスがこの地を支配したときに栄えた国際港。中心になったのは中国から来た華僑商人です。

一方で戦後になってできた「マレーシア」という国家の中心はマレー人で、基本的にはイスラム教徒たち。ときのラーマン首相は「マレー優遇政策」を行ない、華僑系住民の多いシンガポールを敵視します。

このときシンガポールのリーダーだったのが、リー・クアンユーです。最後まで合併と

統一を模索はしましたが、1965年に国家として独立しました。

いま、私たちがこれだけ成長したシンガポールの経済状態から考えると、マレーシアがシンガポールを追い出したり、クアンユーが独立を嫌がる気持ちは不自然でしょう。しかし当時は戦後すぐで、中国もヨーロッパも荒廃した時代です。もはや「海のシルクロード」に、それほどメリットがあるとは思いません。

そもそも資源もなく、淡路島ほどの小さな国なのです。放り出されても、一体これから何をするのか？　国民の不安は高まります。そんなときリー・クアンユーが国民に呼びかけたのは、「自信を持て！」ということでした。

たしかにシンガポールのメリットは国際社会で落ちているかもしれない。しかし歴史を見れば、世界を結ぶ商人が大活躍して「海のシルクロード」を活性化させてきたのです。ならば世界の人々が来たがる、国際的なハブ都市を目指せばいいのではないか？

シンガポール航空といえば、世界中で最も信頼される航空会社の1つですが、港湾だけでなくこうした空のインフラも整え、道路、通信といったインフラを整備し、外資や海外金融が投資しやすい環境をつくる。また教育水準を高め、犯罪や腐敗をなくし、町の清潔さを保って、暮らしやすい国家にする……こうした努力でシンガポールは、一人当たりGDPがアジア1位。富裕層の割合は世界でナンバーワンという大成功国になったわけです。

「歴史に学ぶ」とは、こういうことなのでしょう。

過去の歴史をさかのぼれば、そこには現在の問題を解決するアイデアがあふれています。

それはどこの国のどんな歴史だろうと関係ありません。

まして本書で紹介してきたのは、日本ともすぐ近くにあるアジアの歴史なのです。ぜひ皆さまの新しい知恵の源として、活用していただけたらと思います。

◉参考文献

『中国の歴史』岸本美緒（ちくま学芸文庫）
『中国文明の歴史』岡田英弘（講談社現代新書）
『中国故事』飯塚朗（角川ソフィア文庫）
『北京原人物語』ノエル・T・ボアズ他（青土社）
『アフリカで誕生した人類が日本人になるまで』溝口優司（SB新書）
『古代中国』貝塚茂樹・伊藤道治（講談社学術文庫）
『中国考古学のてびき』飯島武次（同成社）
『人間・始皇帝』鶴間和幸（岩波新書）
『特別展・始皇帝と大兵馬俑』東京国立博物館ほか編集
『現代語訳　史記』司馬遷著、大木康訳（ちくま新書）
『世界の歴史3　中国のあけぼの』貝塚茂樹ほか（河出書房新社）
『項羽と劉邦の時代』藤田勝久（講談社選書メチエ）
『本当に残酷な中国史』麻生川静男（角川SSC新書）
『史記の風景』宮城谷昌光（新潮文庫）
『中国義士伝』冨谷至（中公新書）
『シルクロード』長澤和俊（講談社学術文庫）
『諸葛孔明の兵法』高畠穣（三笠書房）
『曹操』竹田晃（講談社学術文庫）
『隋唐帝国』布目潮渢・栗原益男（講談社学術文庫）
『李白と杜甫』高島俊男（講談社学術文庫）
『楊貴妃』村山吉廣（中公新書）
『封印された三蔵法師の謎』テレビ東京編（日経ビジネス文庫）
『茶の本』岡倉天心　夏川賀央現代語訳（致知出版社）
『逆説の日本史11　戦国乱世編』井沢元彦（小学館文庫）
『チンギス・ハーンとその子孫』岡田英弘（ビジネス社）
『蒙古襲来』服部英雄（山川出版社）
『パックス・モンゴリカ』ジャック・ウェザーフォード（NHK出版）
『モンゴル秘史』村上正二訳注（平凡社）
『中国の大盗賊・完全版』高島俊男（講談社現代新書）
『永楽帝』檀上寛（講談社学術文庫）
『倭冦』田中健夫（講談社学術文庫）
『大清帝国』増井経夫（講談社学術文庫）
『1421　中国が新大陸を発見した年』

ギャヴィン・メンジーズ（ヴィレッジブックス）
『入門・中国思想史』井ノ口哲也（勁草書房）
『孔子』金谷治（講談社学術文庫）
『老子』金谷治（講談社学術文庫）
『別冊100分de名著　老子×孫子』
蜂屋邦夫・湯浅邦弘（NHK出版）
『荘子』岬龍一郎（PHP）
『西太后』加藤徹（中公新書）
『袁世凱』岡本隆司（岩波新書）
『華僑』斯波義信（岩波新書）
『満州事変』島田俊彦（講談社学術文庫）
『日清・日露戦争をどう見るか』原朗（NHK出版新書）
『満州事変から日中戦争へ』加藤陽子（岩波新書）
『アジア・太平洋戦争』吉田裕（岩波新書）
『毛沢東』遠藤誉（新潮新書）
『鄧小平』エズラ・F・ヴォーゲル（講談社現代新書）
『中国の異民族支配』横山宏章（集英社新書）
『日本人の起源』近藤修監修（宝島社）
『物語　韓国史』金両基（中公新書）
『なるほど！よくわかる朝鮮半島の歴史』（洋泉社）
『朝鮮王朝の歴史と人物』康熙奉（実業之日本社）
『朝鮮戦争』萩原遼（文春文庫）
『歴史世界としての東南アジア』桃木至朗（山川出版社）
『東南アジア史　増補改訂版』レイ・タン・コイ（白水社）
『物語ヴェトナムの歴史』小倉貞男（中公新書）
『物語タイの歴史』柿崎一郎（中公新書）
『世界史　上・下』ウィリアム・H・マクニール（中公文庫）
『戦略の歴史　上・下』ジョン・キーガン（中公文庫）
『疫病と世界史』ウィリアム・H・マクニール（中公文庫）
『お金の流れでわかる世界の歴史』大村大次郎
（KADOKAWA）

著者紹介
夏川賀央（なつかわ・がお）

1968年、東京都生まれ。早稲田大学第一文学部卒。

賢者のビジネス研究所株式会社代表取締役。

大手出版社など数社を経て独立。会社経営のかたわら、作家として活躍中。人材プロデューサーとして各分野の異才たちを発掘し、ネットワークを通じた“非組織プロジェクト”、あるいは「賢者の会」で多くのビジネスを成功させている。

著作に『仕事ができる人の「日本史」入門』（きずな出版）、『成功者に学ぶ時間術』（成美堂出版）、『なぜ、仕事ができる人は残業をしないのか』（SBクリエイティブ）、『なぜ、仕事ができる人は「効率」を無視するのか？』（アスペクト）、『すごい会社のすごい考え方』（講談社）、現代語訳書に『武士道』『茶の本』『風姿花伝』（いずれも致知出版社）など多数。

http://gao-kai.com/

著者エージェント：アップルシード・エージェンシー
http://www.appleseed.co.jp/

仕事ができる人の「アジア史」入門
東洋の英雄や思想家たちに学ぶ［ピンチの乗り越え方］

2016年5月10日　第1刷発行

著　者　　夏川賀央

発行者　　櫻井秀勲
発行所　　きずな出版
東京都新宿区白銀町1-13　〒162-0816
電話03-3260-0391　振替00160-2-633551
http://www.kizuna-pub.jp/

装　幀　　福田和雄（FUKUDA DESIGN）
印刷・製本　モリモト印刷

ISBN978-4-907072-61-2

きずな出版

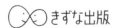